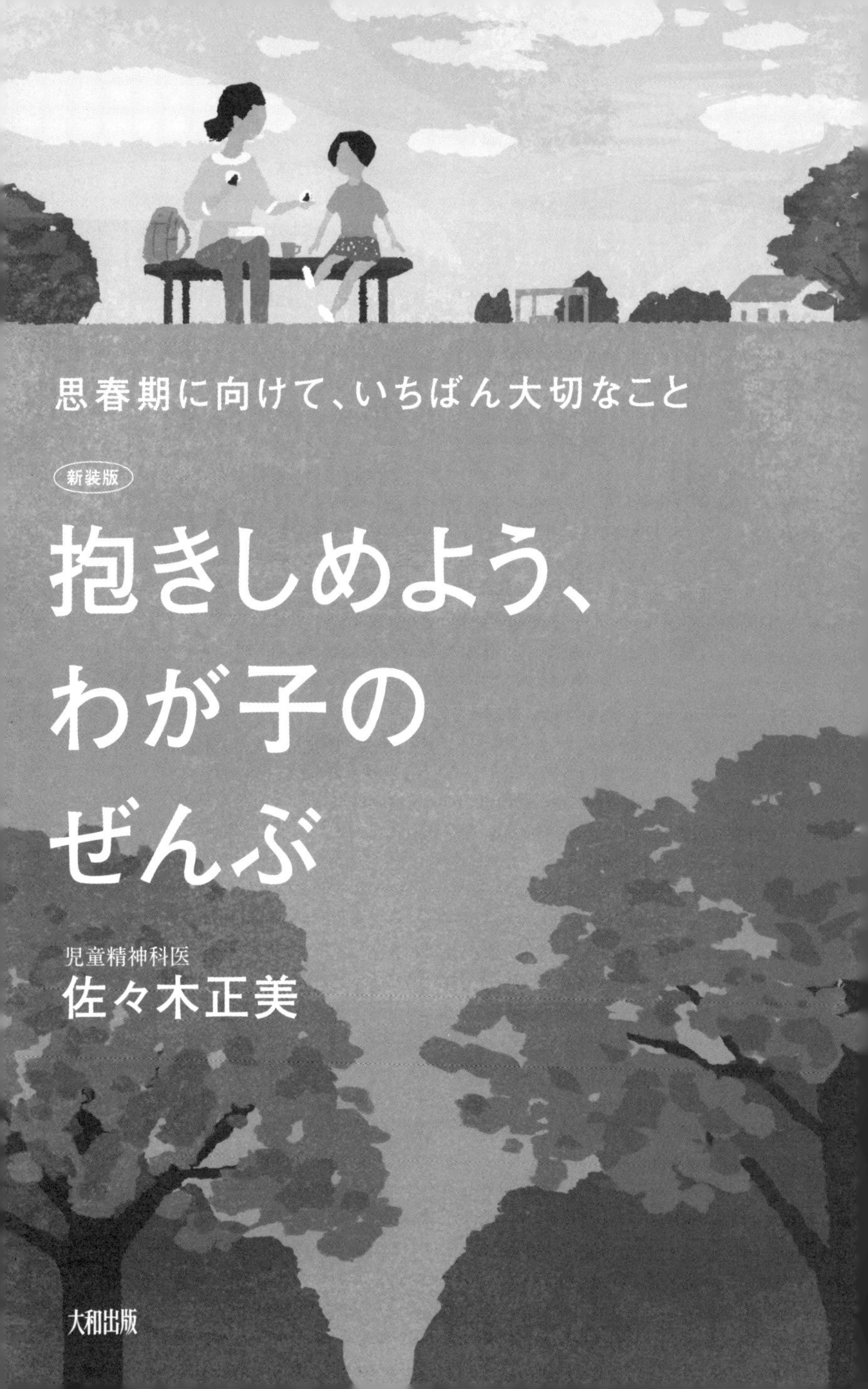

思春期に向けて、いちばん大切なこと

新装版

抱きしめよう、わが子のぜんぶ

児童精神科医
佐々木正美

大和出版

はじめに

大事な時期だからこそ、知っておきたいことがある

人間は生まれたときから昨日の続きで今日を生き、今日の続きで明日を生きます。このことは高齢者になっても同じで、死の瞬間まで続きます。

保健医療福祉の総合大学で働きながら、その当たり前に思えることの重い意味を、今、私はしみじみと深く噛みしめるようにして考えています。

私の教え子であった若者たちのなかで、大学を巣立っていった後、高齢者の福祉施設で働いている人たちがいます。

もはや同僚となった彼ら彼女たちは、「自分たちが寄り添ってケアをしている高齢者は、その1人ひとりが幼少期からの問題を、そのまま引きずるようにして生きていることが、あらためて理解・実感できた」と教えてくれます。かつての教え子たちとのこういう出会いは、まさに教師冥利につきるときです。

本書は、子育てに精励している人々の多くが、思春期のむずかしさに悩み、不安を

抱くことから、児童期の終わりから思春期に力点をおいていますが、人の人生には乳幼児期が深くつながっていることを大切にして書きました。

人間の発達、成長、成熟というものには飛び級がなく、その連続性のなかに生きることを運命づけられているからです。

思春期は突然にやってくるものではありません。昨日の続きでやってきます。しかし、疾風怒濤とも表現されるように、大きな心理的動揺をともないながらの発展が課せられるときでもあります。

十何年かの生い立ちの、最初の小さな決算がなされようとする時期。過不足のあるさまざまな問題の整理をしながら、自立に向かっての目標を定めて、再出発の歩みをはじめようとするときともいえます。

だれにでもある不十分なところの手だてや応援を、家族など周囲の人々は声を荒げるようなことのないように、静かに穏やかに根気よく続けてほしいと思います。

「何事にも手遅れということはない」「現在に最善をつくせばよい」、そう信じて、思春期の少年や若者に寄り添い続けてほしいと思います。

子育てというと、どうしてもお母さんにばかり責任の矛先がいってしまいがちですが、私は子どもがうまく育たない家庭の責任の80％は父親のほうにあるのではないかと感じています。

授乳をはじめ育児の主役は母親ですが、共演や助演の役割を果たすべき父親が役不足で、主演の母親をうまく引き立てられないのです。

本書を手にとってくださったお父さんは、ぜひお母さんのよきパートナー、よき共演者であっていただきたいと思います。

私は子どもの臨床にたずさわりながら、保育園や幼稚園、学校をはじめ、地域のさまざまな施設や機関をたずね歩いてきました。そしてそこで、むずかしい問題を抱えたたくさんの家族や子どもたちと出会い、相談にのってきました。

話しあいを続けていくうちに、その多くは、家族の絆を取り戻し、再出発を果たすことができるのですが、なかには変わることができない家族や少年少女もいます。

そんな現実を目の当たりにすると、私たちの人間的な資質が衰えてきたのだろうかと気弱になることもあります。

でも私はまだ、子どもを愛することができる人ならば、いつからでも、どこでも子どもを育てることはできると信じたいのです。そんな信念のもとに、そうあってほしいと願いながら書いたのが本書です。

これから思春期を迎えるお子さん、あるいは思春期まっただなかのお子さんをもつ方々が、どのようなまなざしで子どもと向きあえばよいのかについて、私がこれまでに出会ってきた家族、少年少女たちの実例を豊富に盛り込みながら、できるだけ具体的に記しました。

この本を通して、子どもたちのすべてをまるごと受け入れ、抱きしめることの大切さに気づき、そんな愛情で子どもと接することのできる人が1人でも多く増えることを願ってやみません。

佐々木正美

第2章 子どもは依存と反抗を繰り返して自立する

第3章

生きる力になる〝自尊心〟を育む

第4章 まるごと受け入れる、まるごと抱きしめる

第5章

思春期には、こんなまなざしが大切

第6章

親も子もハッピーになれる絆づくり

第1章

思春期に
つまずいてしまうのは
なぜか

幼児期に愛情不足で育った子は、のちに問題が起きやすい

子どもが突然変わった、は間違い

私のもとには、思春期のむずかしさに「うちの子のことがわからなくなった」と不安を感じ、子育てに自信をなくしてしまったお父さんお母さんがたびたび相談に来られます。

わが子が小学校、中学校と成長する頃になり、ある日突然、親のいうことを聞かなくなった。口を閉ざし、自分のことを話さない。反抗する。暴力をふるう。学校に行かなくなる……。

そんな変わりように、戸惑い、いったいどうやってわが子と向きあえばよいのだろうと、悩まれているのですね。

親から見たら、突然変わったように思えるかもしれません。

でも、思春期の問題行動は突然起こるものではありません。その根っこには、乳幼児期の育ち方が深く関係しているのです。

そのことを示しているひとつの例として、保育園や幼稚園で自分の性器をさわる子どもが増えているという現象があります。男児に限らず、女児もです。

多くの保育士さんから、自分のおちんちんをさわってばかりいる子がいて困っている、という相談を受けます。なぜ、性器いじりをするのでしょうか。

私は、お母さんとのスキンシップ不足が原因ではないかと考えています。

スキンシップというのは、肌と肌のふれあいだけではありません。どれだけ愛情をかけてあげているかということが重要なのです。

お母さんから十分に愛されていない、抱きしめてもらえない子どもたちがそういう行為をする傾向にあるのではないか。臨床の現場から、そう実感しているのです。

精神分析の創始者フロイトは、「人間は生まれながらにして性に関する衝動をもっている」といっています。フロイトは、この衝動を「リビドー」と呼びました。

リビドーには２つの視点があります。

・生きる原動力となる力

・性ととても強く結びついた衝動

つまり、「性の衝動」とは性欲だけではなく、もっと広い、よりよく生きるため、より力強く生きるための「生の衝動」なのです。

そして、これは何も思春期、青年期になって出てくる衝動ではなく、生まれたときから人間がもっている本質的なものです。

性の衝動は、本来とても健康的で自然なものです。

乳幼児期に、たとえばお母さんのゆたかな乳房にふれる、お母さんの乳房に唇でふれる、お母さんの肌に自分の全身でふれる。これらはスキンシップそのものです。

そういう肌と肌のふれあいによって、乳幼児期は性の衝動が満たされていくのです。

問題行動を起こす子どもたちが欲しているもの

十分な愛情を与えられず、満たされない性衝動を抱えた子どもは、仕方なく自分で自分を満たそうとします。それが、性器いじりというひとつの行動に出ているのです。

愛情不足のあらわれのひとつなのですね。

そして、愛情不足のまま成長した子は、思春期を迎える頃になり、その蓄積された欲求不満がさまざまな問題となってあらわれることがあります。

今、全国の保育園、幼稚園の子どもたちに起こっている問題と、10代の子どもたちに起きている問題とは、本質的には同じです。

つまり、早熟な性行動、いじめや不登校、非行など思春期の問題は、愛されていないことへの反発である場合が多いのです。

リビドーは本来、人との関係で満たされていくものです。子どもにとってリビドーを満たすいちばんのものは、ほかでもない、親の愛情です。

これから追々、お話ししていくつもりですが、幼いころにお母さんお父さんの愛情を求めて、それが満たされなかった子どもほど、思春期になってつまずくケースが多いように感じます。

子どもがおかしいなと感じたら、それは「愛されたい」「大切にしてほしい」というサインです。

今からでも遅くはありません。だまって抱きしめてあげてください。

あなたのことを大切に思っているという気持ちで、そばにいてあげてください。静かに見守ってあげてください。

ただそれだけで十分です。あなたの愛情は、きっと伝わります。

そうして、たくさんの愛情で子どもたちを満たしてあげてほしいと思うのです。

まとめ

非行や不登校など、今、思春期の子どもたちの間で広がっている問題は、「もっと愛されたい」という子どもの叫びです。

性行為の低年齢化は早熟だからではない

成長にいちばん大切な「自己肯定感」の欠如

リビドーが満足に満たされない子どもが増えているといいました。

子どもが成長するのに最も大切な、「自分は愛されているんだ」「大切に思われているんだ」という自己肯定感、安心感が足りないのです。

小さな子どもは、おんぶや抱っこなどのスキンシップや、ご飯を食べさせてあげたり、お風呂にゆっくり入れてあげたり、添い寝をしたり、あやしてあげたりといったことに、惜しみない時間と愛情を注いであげることで、自己肯定感が育まれます。「お母さんはこんなにぼくのことを大事にしてくれるんだ」という実感が、自分のことを好きになれるいちばんの栄養なのです。

ところが、こうしたことが十分に満たされないまま大きくなった子のなかには、思春期の早い時期から異性の友人とすぐに性的な関係になってしまう子が少なくありません。

全国幼小中高性教育研究会が２００２年、高校生を対象に性の行動に関する調査研究をしました。

結果は、地域差と男女差はあまりなく、高校3年生を対象にした調査では、男女ともにおよそ40％の子が性の経験をもっていることがわかりました。

この数字をどう思われますか。「今の子どもは早熟だ」と感じるかもしれません。しかし、私はそうは思いません。むしろその逆、未熟だからこそ、安易で軽はずみな行動に走ってしまうのではないかと思っています。

なぜ簡単に性行為をしてしまうのか

未熟な理由は、幼児のころに十分にリビドーを満たしてもらえなかったことがいちばんの要因でしょう。

愛情に飢えている子は、そのさみしさを埋めるために、異性の肌のぬくもりを求めてしまいます。

まるでゲームのように性行為をしたり、多数の異性とつきあったり別れたりを繰り返す中高生が多いのは、心の底で本当の愛を探しているからなのです。

幼いときから、しっかりと親の愛のもとで育った子どもは、簡単に交際したり、性行為をしたりすることはまずありません。

自分が愛情で満たされているから、かりそめの愛など欲することはないのです。

幼児的な性衝動の解決、リビドーの解決のために性行動に走ってしまうのは高校生だけではありません。いまや中学生、小学生までもが性体験をもってしまうような時代です。これは本当に由々しき事態だと思います。

親だけでなく、社会全体が向きあい、子どもたちの性の暴走を食い止めなければならないと真剣に思うのです。

性行為の低年齢化は、中絶率にも反映されています。19歳の日本の人工妊娠中絶率は50人に1人です。ピークは20歳前後にあり、この数字を見ても安易な性行為が若者の間で広がっていることがわかります。

リビドーが満たされないまま成長した若者同士がめぐりあうと、すぐに性的な関係になってしまう。

未熟な彼らは正しい性知識をもっていませんから、きちんとした避妊をしません。その結果、妊娠してしまったり、性病にかかってしまったりするのです。

今、10代の性病が急速に増えています。これもまた、性を簡単に考えている、未熟な証拠といえましょう。

まとめ

10代の安易な性行為は、家庭での満たされない愛情を外で満たそうとする行為です。

親を信頼できない子は不登校になりやすい

学校に行けなくなる子の胸のうち

思春期の問題のひとつに、不登校があります。今、年間30日以上学校を欠席し、「不登校」とされる小中学生は、12万人強といわれています。

なぜ、こんなにも多くの子どもたちが学校へ通えないのでしょうか。

ひとことで不登校といっても、いろいろなタイプの子がいます。

学校生活になんらかのつまずきがあってきらいになった子、本人自身に問題がある（非行、無気力など）子、家庭のなかに原因があって学校に通えなくなった子など。

不登校になったきっかけは、さまざまですが、どの子にも共通しているのは、**「まわりとのコミュニケーションができなくなった」ということです。**

私は、神奈川県の不登校の子どもへの対策研究協議会の座長をしていて、たくさんの不登校児とその家族の人たちの話を聞いてきました。

彼らはみな、人間関係が苦手だ、人と交わりたくない、すべての人とのコミュニケーションに絶望した、ということをいいます。

また、不登校をしてひきこもっている子どものなかには、自分の考えや気持ちを、自由に表現することができない子が少なくありません。人との関係が苦痛で、恐れやストレスを感じるのです。

そのなかには、親との関係も含まれています。私が知るなかで、親とのコミュニケーションがうまくいっているのに不登校になっている子はいません。

コミュニケーションというのは、単なる会話ではなく、心と心を通わせあうことです。不登校の子たちは、人を信じる力や自尊感情、自己肯定感といったものが欠けています。自分に自信がもてないし、人といっしょにいてやすらげないのです。

本来であれば、人といきいきと交わる感性は、幼児期に自分の親との間でつけていくことで育っていくものです。

小さいときからお父さんお母さんが十分に相手をしてやり、そばにいてやることで安心し、親を信頼することができると、子どもは人のことも信頼できるようになります。それが、コミュニケーション能力になっていくのです。

親を信頼することができると、子どもは人のことも信頼できるようになる。

このことをよく覚えていてください。

友だちに気をつかうから疲れてしまう

不登校の子どもたちに話を聞いていると、まったく学校に行けなくなる前に、多くの子が保健室登校をしていました。クラスのなかには入っていけないけれど、保健室だったらいられるという子が多くいます。

彼らは、クラスメートといっしょにいることは苦痛だけれども、養護の先生とだったらやすらげる。保健室がその子にとっての、やすらぎ、くつろぎの場になっているのですね。

この年代の子どもにとって、友だちは何よりも大切な存在なはずです。

いつもいっしょにいたいと思い、毎日学校で会っているのに、家に帰ってからもメールや電話で話しているぐらい、かけがえのないものです。

親や先生にいえないことでも、友だちには話せる。それが10代にとっての友だちです。

友だちがすべて、といってもいいかもしれません。

みなさんも、自分の子どもの頃を思い出してみるとわかるのではないでしょうか。

それなのに、友だちといっしょにいられない、交わるのが苦痛だと思ってしまう子がいます。彼らは友だちに対して、ものすごく気をつかいながら接しています。

そして、本当は友だちに気に入られたいというのが本音です。


どうしたら仲間に気に入られるかということをいつも考えて、自分の好きなことよりも、友だちに気に入られることに気をつかいすぎるから疲れてしまう。

そんなことの連続で、そのうちに不登校になってしまうのです。

不登校のすべてがそうだとはいいませんが、代表的なパターンです。

同年代の友だちは苦手だけれども、年の離れた養護の先生にだったら心を許せる。それは、余計な気をつかわなくてもすむからです。

不登校、ひきこもりになってしまう子たちは、いつも相手の顔を見ながら、自分を殺してビクビクしている。

あるいは、みんなに取り入るために、笑いをとったり、モノを提供したりする。そうやってサービスしすぎて、あるとき限界がきてしまう。

だけど、養護の先生は、そんな努力をしなくても自分のことを受け入れてくれる、保護してくれる。

だから彼らにとっては、そこが「やすらぎ」の場所になるのですね。

保健室がやすらぎの場になっている子は、家庭でゆったりやすらげない子が多いです。不登校になって家にずっといる子でも、家庭がやすらぎの場でないことが多くて、自分の部屋にとじこもってしまいます。

こうやって考えてみると、不登校やひきこもりの子たちは、親との関係に安心できていないということがわかります。

小さいころから親に自由にものがいえずに育った子は、やがて自分の意思を出せなくなります。いっても無駄だとあきらめてしまうからです。

そうやってずっと親に受けとめてもらえなかったから、親のことを心の底から信頼できずにいるのです。

まとめ

不登校の子は家庭でやすらげず苦しんでいます。
親の前でゆったりとくつろげる雰囲気をつくってください。

夫婦関係の良し悪しが子どもに影響する

「親への復讐」と口にする少女たち

思春期の、特に女の子たちは自分の容姿や体型に非常にこだわります。

決して太っていない、むしろやせているのに「太っている」と思い込み、過剰なダイエットをして、そのうち食べ物を拒否するようになったりします。「拒食症」と呼ばれるものです。

一方で、不安やさみしさといったストレスを感じると、大量にものを食べて、吐いてしまうまで食べ続ける子もいます。「過食症」と呼ばれるもので、食べたあとに自己嫌悪に陥り、多くの場合、自己誘発性嘔吐という、自分でのどに指を突っ込んで食べたものを吐く行為をともないます。

拒食症、過食症をあわせて「摂食障害」といいます。

摂食障害の本質は心理的な問題です。食と生命は一体のものですが、自分の存在への不安が大きくなると、屈折したかたちで病的な食習慣となってしまうのです。

ですから、心理的な問題が解決されないと、障害は改善されません。

私は東京女子医科大学病院の小児科に非常勤で21年勤めていました。

そこには摂食障害を抱えた10代の子どもが絶えずといっていいほど、外来を訪れたり、入院したりしていました。

圧倒的に女性が多いのですが、彼女たちが少し話せるようになったときにいう言葉は、「私のしている行為は、親への復讐だ」というものが意外に多く、驚きました。はっきりと文章に書いた少女もいました。

親に心配をかけるのが目的だというのです。

拒食、過食、それにリストカットも含め、そうした行為の背景には、「もっと私のことを愛してほしい」「見守っていてほしい」という気持ちが強くあって、そうされなかったために、だれかを恨む、復讐する、攻撃するという感情が潜んでいるのです。

繰り返し入院してくる何人もの少女たちを見ていて、そう確信しました。

彼女たちの恨みや憎しみのもとにあるのは、自分が望んだような愛情をくれなかったということです。

たとえば、幼いころ保育園に最後まで残されたとか、学校にあがると「勉強しなさい」とばかり言い続けられたとか、ほめることはせず、できないことばかり「ダメじゃない」と責め続けられたといったことです。

こういう例もありました。小学校4年生の少年の例で、とても珍しいケースです。

彼の家は3世代で生活していましたが、お母さんが入浴中、義父にのぞかれてしまいました。

そのことがあってからというもの、お母さんにとって、義父との同居はとても不愉快なものに変わってしまったのです。

そして、ある時期から、夫と義父に顔つきや物腰がよく似ている息子に対して、強い拒否感が働くようになりました。

彼は、母親の拒絶がきっかけで男の子には珍しい拒食症になってしまいました。

お母さんは夫を拒否し、義父を拒否しているのですが、結果として、その夫と義父に似ている息子に対しても強い拒否感を抱いてしまったのです。

拒食症は食べ物への拒否ですが、そこには自分をとりまく人やすべての物事に対する拒否の感情があります。

それはまた、自分のそれまでの半生への否定でもあるのです。

少年は母親に自分の存在を否定されたことにより、母親に対する拒否感が働き、拒食症になってしまったのです。

彼は拒食症と闘っている間、母親への恨みをあれこれ綴っています。母親に対して敵討ちのような、攻撃的なことを書いていました。


こうした強烈なエピソードがなくても、多くの拒食症・過食症の子どもは、親に対して拒否的で攻撃的な感情をもっています。

私は単純に、お母さんがいたらなかったとは思いません。

むしろ、摂食障害の子どもをもつお母さんは、夫に失望していることが多いように思います。あるいは離婚していて片親のケースもあります。

すべての親がそうだというわけではありませんが、摂食障害の子どもたちのお母さんの話を聞いてみると、夫に対する不信感を口にする人が少なくありません。

家庭での生活に非協力的だったり、その理由はいろいろでしょうが、夫婦間がうまくいっていないと、母親はゆたかな愛情を子どもに注ぎにくくなります。

自分が満たされていないから、子どもに十分な愛情をかけてあげられなくなってしまうのです。

わが子を救う鍵をにぎっているのはお母さん

では、摂食障害になった子は、どのようにして立ち直ることができるのでしょうか。さまざまなきっかけがあると思います。

方法はひとつではありません。

お母さんが一生懸命ご飯をつくって食卓に並べてくれたり、いっしょに寝て愛情を思いきり子どもに提示してくれたことで立ち直る子もいれば、母親ときっぱり決別したことで立ち直る子もいます。

いずれにしても、拒食症のきっかけがお母さんであることが多いように、立ち直りのきっかけもお母さんである場合が多いのです。

青少年のひきこもりの臨床に、長年、入寮制度を取り入れて取り組んで来られた精神科医で生野学園理事長の森下一氏は、「ひきこもりから社会に向けて再出発する際の第一歩が、母親への信頼の回復であることが多い」といわれますが、本当だと思います。

拒食症もそれと同じようなことなのです。

まとめ

摂食障害は、その子が望むことを全面的にしてあげること、そして、母親への信頼を回復することで立ち直ることが多いのです。

叱るときは、あくまでも行動を

子どもの自尊心を傷つける言葉を使っていませんか

最近、学校や家で暴力をふるう子どもが増えています。ちょっとしたことでキレて感情をぶつけたり、モノを投げつけたり、人を叩いたりしてしまうのです。

感情のコントロールができず、がまんができない子どもたちに共通しているのは「自分はだれかから見放されるんじゃないか」という不安感が心の底にあるということです。

見放されることに対する不安感がとても大きいのです。

この感情を「見捨てられ抑うつ感情」といいます。

「見捨てられ抑うつ感情」をもっている人は、幼いときに親から、

「そんな子はもういりません」

「そんな子、お母さんは産んだ覚えありません」

「そんな子は、もうよその家にあげてしまいますよ」

といったことを繰り返しいわれて育ってきた子たちです。

あるいは、親にかまってもらえず放置されて育った子たちです。

そういう子どもは、放っておかれた、大事にしてもらえなかったという思いから、孤独感や孤立感を深め、寄る辺のない不安が高まり、心に深い傷をつくります。


子どものなかに蓄積された不安や孤独は、強い怒りとなってあらわれることがあります。


わかりやすい例が、泣き叫ぶ赤ちゃんです。言葉で気持ちを伝えられない赤ちゃんは、抱っこしてほしい、おっぱいがほしい、おむつを替えてほしい、眠いといった欲求を、泣くという行為で訴えます。

赤ちゃんが泣くのは、こうした生理的な欲求だけでなく、さみしい、不安といった感情を表現しているときもあります。

赤ちゃんが泣いているときにそのまま放置していると、赤ちゃんの泣き声はさらに激しくなります。

これは、赤ちゃんにとって「怒り」の表現です。思春期の子の反抗や暴力的な行動も、泣き叫ぶ赤ちゃんといっしょです。さみしさや孤独、不安といったもののサインを暴力や非行で発しているのです。

荒れる子どもは、成長の過程でなんらかの障害を抱えています。それは、成熟の障害ともいえます。


子どもは、親に依存したり反抗したり、友だちと関係を結ぶことで安定した情緒を育てていくのですが、幼少期に「あんたなんかいらない」というようなことをいわれたり、そういう態度をとられてきた子どもは、自分の親を本当に安心して信じることができないまま、大きくなってしまいます。

親を信じることから、友だちなど多くの人を信じて交わるようになっていくのが普通なのですが、最初の「親を信じる」ところでつまずいてしまった子は、うまく人との関係を築けず、社会性が育たないまま大きくなってしまうのです。

大切な「生まれてきてありがとう」の気持ち

とても悲しいことなのですが、子どもの存在自体を否定するようなことを平気でいう親は少なくありません。

本人は、子どもの教育のため、正しく成長するようにと思っているのかもしれません。

しかし、どんなに愛情のつもりであっても、子どものよくないところを指摘するのならまだしも、人格そのものを否定するようなことは絶対にしてはいけないことです。

たとえば、家族間で決めた門限が21時だったとします。

その約束を子どもが破ったときに、「これはわが家のルールだから守りなさい」と注意をするのはいいのですが、「そんな簡単な約束が守れないやつはうちの子じゃありません」とか「ダメなヤツだ」などと、その子の全部に対してＮＯをつきつけるようないい方はいけません、といっているのです。

こんなことをいわれると、子どもは大きく自尊心を傷つけられ、いつも親の前でビクビクするようになってしまいます。
親を信じられず、自分のこともきらいになってしまうのです。

まとめ

子どもの人格を否定するようなことは、絶対にいってはいけません。

今できていることを認める

子どもはいつも、親の期待に一生懸命こたえようとしている

私のところにやってきたある女子大生の話です。

彼女のご両親は「できのいい、自慢の娘だ」とおっしゃっていて、実際、勉強もよくできたのですが、妊娠と人工中絶を何度も繰り返すという状態でした。何度繰り返したかわからないほどです。

でも孤独でいられないために、すぐヒッチハイクをして車を止めて、性的な関係をもってしまうということでした。気持ちが沈んでくると、衝動を抑えられないのです。

なぜ彼女はそのような状態になってしまったのか。その根底には、親の期待に一生懸命こたえようとして、がまんや無理を重ねていたことがあります。

その無理が原因で、彼女は自己破壊的な行動を繰り返し、実家にいると何をするかわからない状態が続いたため、両親の了解のもと病院へ入院させました。

入退院を繰り返していたのですが、看護士や医師の献身的なサポートにより、徐々に精神的に安定するようになっていきました。

回復するのに1年以上かかりましたが、ひとり暮らしをはじめ、現在は自立した生活を送っています。

ひとつ残念だったことは、彼女がよくなっていく過程に、両親の変化はなかったことです。最後まで自分たちの育て方は間違っていない。こんなふうになってしまった娘に失望しているという様子でした。

彼女が安定を取り戻したのは、親ではなく医療スタッフの理解とサポートによるものが大きかったのです。

みなさんには子どものことを全部受けとめられるお父さんお母さんであってほしいと願っています。

親がわが子に「こうあってほしい」「こんな人間に育ってほしい」と願うのは当たり前ですし、愛しているからこそその願いでしょう。しかし、その期待が強すぎると、子どもはそれを重圧に感じて息苦しくなってしまいます。

小さいときから、聞き分けのいい子でいなさいとか、お稽古事や勉強がよくできるようになりなさいと、自分の希望を伝えすぎていませんか？

そして、希望どおりにならないと、「どうしてできないの！」と責めたり、「お母さんのいうことが聞けないの！」などと、頭ごなしに叱ったりしていませんか？

子どもはお父さんお母さんが大好きですから、その期待にこたえようと本当はがんばっているのです。

がんばっているのに、そんなふうにいわれたらどう思いますか？

「自分はダメな子だ」「お父さんお母さんはわたしのことがきらいなんだ」と自分を否定したり、親に見捨てられたという感情を強くもってしまうでしょう。

子どもはいつだって、親の期待にこたえようとがんばっている。

子どもが思いどおりにならないと、ついイライラしてしまいがちですが、子どもは子どもなりに一生懸命がんばっているのだということを、認めてあげてほしいと思います。それを否定して、「親に見捨てられる」と思わせてしまうことは、本当に危険です。子どものいうことを聞いてあげる、要求を満たしてあげる、できないことを指摘するより、できていることを見つけて「がんばってるね」といって応援してあげる。こうして育てていくのがいいのですね。

思春期以降の精神的な危機の問題は、その最初のステップである乳幼児期に親のいうことを聞かせすぎた結果であることが多いのです。

あるいは子どものいうことを聞いてあげながら育児をすることが不足した結果だといってもいいでしょう。

子どもに期待を寄せることよりも、今がんばっていること、できていることを見つけて、「よくがんばってるね」と認めてあげてほしいと思います。

まとめ

「こうしなさい」ではなく、「がんばってるね」とたくさん応援してあげましょう。

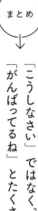

反抗は、親の愛を確認するための作業

反抗には、健全な反抗と病的な反抗とがある

思春期といえば、親や大人に対して反抗的な態度をとるのがひとつの特徴です。

反抗とひと口にいっても、日常の口ごたえなど「普通の反抗」（いわゆる反抗期）と、暴力をふるったり、暴走したりするような「屈折した反抗」の2種類があります。

・普通の反抗＝愛情を確認しようとする作業

・屈折した反抗＝愛情を感じられなかった反動で起こす問題行動

次章でくわしくお話ししますが、子どもは「依存（甘え）」と「自立（反抗）」を繰り返して成長していきます。

思春期ともなると、「自分のことは自分で考えて行動したい」「親のもとを離れて自由になりたい」という自立心が強くなります。

親に自分のことを話さなくなったり、「〜しなさい」といったときに「うるせーな」

などと反抗的態度をとるのは、自立しようとしている証拠なのですね。

しかし、子どもの心は「自立したい」と「甘えたい」を行ったり来たりしますから、自分1人でがんばっていると、そのうち不安の心がわいてきて、親に依存しようとします。

そのときに、うまく家族の愛情を確認できずに失望すれば、その程度によって問題行動を示すことになります。「屈折した反抗」とはこういうことをいうのです。

別の表現をすると、反抗的な行動の裏側には、「これでもぼくのこと、わたしのことを愛してくれますか」という確認の気持ちがあるのですね。

それが屈折し、重症化したときに、不幸な事件を起こすことがあります。放火はそのひとつの典型です。

放火は、人の関心を自分に集めたくてするのだといわれます。それが快感なんですね。爆音を響かせて、バイクを暴走させるのも、自分を見てほしいという欲求のあらわれです。

奈良県で小学校1年生の女児を誘拐して殺害した38歳の男性は、法廷で「短い期間だったけれど、全国の人々に注目されていたことがうれしかった」と陳述したそうです。

若い人たちが起こす最近の悲惨な事件は、愛情が得られないことに絶望し、せめて人の関心を集めることをしなければいられないという人の行為といえるでしょう。ほとんど病的といってもいいほど、みんな自分に関心をもってもらいたいと思っているのです。

親としては、どのくらいまでが普通の反抗なのか悩むところです。何しろ、愛情をたしかめたいということは、親から受け取る愛情が不十分だと思っていることですから。子どもがこんな態度をとったときは愛情不足や不安を感じていると見ていいでしょう。

- **汚い言葉を親に投げつける**
- **暴力的な行動に出る**
- **閉じこもって何もしゃべらなくなる**

東京女子医科大学の小児科で非常勤講師をしているときに出会った拒食症の少女が、

手記で「親を苦しめてやりたいから今こうしている」という趣旨のことを書いていました。

同じようなことは何人もの子どもで経験してきました。まるで親を苦しめることに快感を覚えているようでした。

自分が求めている愛情を注いでくれないことをうらめしく思っているのですね。

荒れる子の心を健全にするには

反抗期は、一般的に3歳前後と、就学前後、そして思春期にあるといわれていますが、この時期は、子どもが急速に成長・発達するときです。成長するために、反抗していると思っておいて間違いないでしょう。

人が大人になるのには、依存も反抗も必要なことなのです。

ですから、親に対してどんな言葉を投げつけようが、先生に対してどんな態度をとろうが、あれこれいわないほうがいいのです。

子どもはそれが必要だからしているのです。今まで歩んできた人生のなかの補えるところで、不足分を補おうとしているのです。

親にしてもらえなかったことがたくさんあって、それを反抗というかたちで腹いせしているのかもしれません。

親としては、「私のことを信じるために、この子には今こうすることが必要なんだ」と見守ってあげることが大切です。

親を信じているから安心して反抗できる、あるいは信じたいから反抗しているといってもいいでしょう。

リストカットや摂食障害、不登校などは子どもの心が荒れている証拠です。愛情を欲しているサインです。

そこから立ち直らせるためには叩いたり叱ったりしてやめさせるのではなく、抱きしめることです。

しっかり保護してあげればいいのです。

どんなに激しく反抗していても、問題行動をとって〝荒れ〟ていたとしても、親が子どもをしっかり受けとめ、子どもが望んでいることを満たしてあげれば、必ず立ち直れます。

「抱きしめる」というのは、体をただ抱きしめるだけではありません。あなたのすべてをまるごと受けとめるよ、という意思表示でもあるのです。

話をゆっくり聞いてあげる。思春期の子の心を抱きしめるうえでいちばん大切なことは、この「話を聞く」ということです。

家事や仕事で忙しかったとしても、子どもが話しかけてきたら、手を休めて、子どもの目を見て話を聞いてあげてください。

興味をもってうなずいたり、「すごいね！」など感嘆したりしながら聞いてあげると、「お父さん、お母さんは自分の話をよく聞いてくれるからうれしい」と思い、さらに積極的に自分の話をするようになります。

よく話をするようになったら、よい経過をたどっていると考えてよいでしょう。

ポイントは、息ながく、根気よくです。

「育てる」ということは、子どもに限らず草花や農作物でも同じことでしょう。

芸術家や技術者がすぐれた作品や製品をつくるのと同じように、日々根気よく、手塩にかけることです。

まとめ

不安定な思春期だからこそ、
「あなたのことをまるごと受けとめるよ」という
心と体を抱きしめることが大切なのです。

第2章

子どもは依存と反抗を繰り返して自立する

親に心を許し、甘えられる関係をつくる

あなたは他人に安心して頼れますか？　頼られますか？

思春期は親の保護のもとから巣立っていく、自立の準備をする時期です。この章では子どもの自立について考えてみたいと思います。

そもそも、自立とは、どういうことをいうのだと思いますか。自分1人で生きていけることだと思いますか。たしかに、国語辞典には「ほかの援助や支配を受けず自分の力で身を立てること」とあります。

けれど、もしそんなふうに思っている方がいらっしゃったら、少し立ち止まってみていただきたいと思います。

親も子どもも、自立ということを間違って解釈しているのではないでしょうか。親が子どもに求める自立は、「1人で立って生きなさいよ」という厳しいものです。

子どもは子どもで、そういうふうに求められたら自分1人で生きていかなきゃいけ

ない、それが自立だと思っているようです。

しかし、本当の意味の自立とは、他者と安心して依存しあえることです。つまり、相互依存できるかどうかによって自立は決まってくるのです。

依存というのは、「自分が望んだことを望んだとおりに受けとめてもらう」体験のことです。「安心して甘えられること」といいかえてもいいでしょう。

人は他人に受けとめてもらえているかどうかを確認し、受けとめてもらっていると思える人には安心して依存することができます。

そして、他人に安心して依存できる人は、自分もだれかから依存される、信頼される人間になりたいと思います。これが相互依存です。

逆にいえば、他人に安心して依存することができない子どもはなかなか自立することができません。

あなた自身はいかがでしょう。だれかに依存できますか。心から信じられる人が何人いますか。反対に、あなたを頼りにする人は何人いますか。

「ありがとうございました」

「いいえ、どういたしまして。お互いさまでしょ」

こういう気持ちをもちあって日々を生きていけることが真の自立なのです。

ところが最近は、たとえば、家族で旅行に出かけている間に届いた荷物をお隣に預かってもらう。ちょっとしたお願いですが、こういうことさえも気軽に頼み、頼まれることがむずかしくなっているのではないでしょうか。

人の善意を心から信用できなかったり、また自分が他人に善意を提供することを快く思っていない人が多いためだからかもしれません。

「こんなことをしたら、迷惑がられるんじゃないか」とか「あの人のために何かをしても一銭の徳にもならないからやめておこう」などと考えてしまうようです。

だれにも心を許さず、自分も他人から必要とされないなんて、なんてさみしい生き方でしょう。できることならば、日常の小さなことくらい、お互いに頼み、頼まれるのがいいのですね。

本来、人間というものは、人に「ありがとうございました」と感謝できるのは最高の喜びです。また「どういたしまして」というのは、より大きな喜びなのではないでしょうか。

こうした喜びを、私たちはもっとわかちあえる関係をつくっていくことが大切です。

そのためには、
まず、自分自身が周囲に対して心を開くことです。

人の善意を信じ、自分も他人から信じられる人間になることです。

今、子どもを育てている人にとって、このことはとても大切な姿勢です。

人間は、相互依存のなかで生きているということを、子どもは親の姿を見て、学び取っていきます。

また、親が人を信じられなければ、子どももまた人に心を許せないまま育ってしまいます。親子関係とはそういうものなのです。

わが子が本当の自立、相互依存のできる人間に成長するためにも、まずはあなた自身が、人との関係のなかでくつろげるような感性を育てていただきたいと思います。

人間関係がどんどん希薄になっているなか、人によってそれはとても苦痛なことかもしれません。

でも私たちは、どうしたら人といっしょにくつろげるかということを、多少わずらわしく思っていても努力するべきではないでしょうか。

ふだんはまったく会話のないご近所の人にあいさつをしてみるとか、自分の子と同世代の子どものいる家族や親戚を誘ってどこかに出かけてみるとか、そういう親しみの関係をつくっていきたいと思うのです。

まとめ

親が人との関係のなかでくつろげると、子どもも自然と上手に人間関係を築けるようになります。

子育ての喜びを忘れていませんか？

「この子がいて幸せ」と思えることの大切さ

私は、ある意味、人間はだれもが正しい依存症だと考えています。そして、相互依存のできる人こそが健全な人だと思っています。

人間はみんな相互依存によって生きているわけで、健全な相互依存をしている人を「依存症」とはいいません。よい依存をしているときには、私たちはそれを病的と見ませんから、問題視することもなく、またする必要もありません。

夫婦の例で考えてみてください。よい相互依存ができているカップルほど、よい夫婦ですね。親子でもそうです。子どもはいつも親に依存している、というのは間違いで、親も子どもに依存しているのです。そのところを、親は見逃しがちです。

アメリカの発達心理学者であるエリクソンは、

「よい人間関係というのはだれとだれの関係であっても、与えているものと与えられているものとが相互で等しい価値を認識しあっている」といっています。また、「そうした人間関係が最高だ」、ともいっています。

人間はみんな依存しあって生きている、という前提を忘れてはいけません。

相互依存を抜きにしたら、人は孤立してしまいます。それでは健康に生きられません。健康な依存は、人と人との関係で成り立つものです。

幼い子どもの場合は、一見一方的に大人に依存しているように見えます。でも、本来子どもは、その存在だけで大人を喜ばせる力があります。

そして、自分が喜ばせている大人に、自分自身も喜んでいる、それが子どもと大人との自然な依存関係です。

よく「この子は私がいなければ育たない」などという親がいますが、そうではなくて、「この子がいなければ、私は生きがいをもって生きられない」という気持ちを自分で認識することが大切で、そのように思っていれば、子どもは健全に育つのですね。

これは、思春期の子どもたちにもいえることです。

中学生や高校生のお子さんは、むずかしい年ごろですが、**お父さんお母さんが「こ**

の子といられて幸せ」「この子を育てることが私の生きがい」、そんなふうに思いながら接していると、子どももやはり「お母さんといっしょでうれしいな」「お父さんがいてくれて幸せだな」と幸福を感じることができるのです。

私には3人の息子がいます。子どもたちがまだ小さかったとき、私たち家族は私の両親と同居していました。

祖父母は、子どもたちに対して、「君たちは、よくわが家に生まれてきてくれたね」と、しばしばいっていたようです。家内からよく聞いた話です。

生まれてきてくれたことそのものが、祖父母に幸福を与えていたわけです。孫に依存して生きていることを、自然に祖父母はわかっていたのでしょう。

孫をかわいがることが、依存していることなのです。

祖父母たちはそれぞれの時代の生き方として、自分だけでなく家庭内外の周囲の人たちのことも考えながら生きる生き方を、今よりずっとゆたかに身につけていました。

ですから、祖父母たちは孫といっしょに過ごしていること自体を喜びに感じていたと思います。

幼い孫のために、何かをしてやること、そのこと自体が大きな喜びだったのです。自分たちのもとに生まれてきてくれたことを、そのまま感謝して喜んでいてくれたのです。

それが子どもたちの発達や成長に、どれだけゆたかな贈り物になったかは、簡単に表現できないほどです。

まとめ

自立とは、1人で生きていくことではありません。人を信じて、人から信じられながら生きること。相互依存することができることを自立というのです。

ときには思いきり甘やかしてあげよう

母との入浴がきっかけで、不登校から立ち直った高3男子

ある県の中学校と高校の生徒指導の先生方の研修会で、講義を頼まれたことがあります。

講義が終り、控え室で帰り支度を急いでいると、ある高校の生徒指導の先生が飛び込んできました。

「先生、今日は目からウロコの思いだった」と、肯定的な感想を述べられたあと、「先生にぜひこの作文を読んでいただきたい」と、生徒の作文を出されました。

機会があったら読んでもらおうと思ってもってきた作文だ、とおっしゃいます。

その作文を書いたのは、長い間不登校だった高校3年生の男子生徒でした。彼はずっと不登校だったけれど、高校3年になってしばらくしたら学校にぽつんぽつんと来はじめた。

教員仲間では、「卒業が近づいてきたので卒業証書がほしいから無理して来ているんだろう、ずるい生徒だ」と話していたそうです。

その彼が書いた作文です。先生は私の講義を聞く前までは、この作文に対して、本当に不愉快でいやな思いがしていたそうです。

割合に長い作文で、ぜひ読んでほしいというところを、赤鉛筆で囲ってありました。おおむね次のような内容でした。

「ぼくは、もう高校3年だ。1年の途中から不登校でずっと休んでいて、家族とも、もうひとことも口をきかない状態が長く続いていた。そんなある日、茶の間でテレビを観ながら、お茶を飲んでお菓子を食べていた。そうしたら、台所から、母がめずらしく話しかけてきた。久しくしゃべったことなかったのに。母は、『久しぶりに、いっしょにお風呂に入ろうか』といった。本当に驚いた。思ってもいないことを母が口にするので、ひどくとまどった。頭のなかが真っ白になって、頭がクラクラするような思いだった」

作文はさらに、こう続きます。

「だけど、しばらくして落ち着いてみたら、なんだかとてもうれしい気持ちになった。

それで、『うん、入ろう』といって、母とお風呂に入った。そうしたら自分でもわからないんだけれど、それまで口もきかなかった母と話が弾んだ。自分でもその理由はわからない。お風呂から出てきても、まだ会話が続いた。そしてその翌日から母とだんだん話ができるようになった。そしたら学校へ行ってみようという気になった。そして、毎日は行けないけれど、少しずつ行けるようになった。ぼくにはそんな経験がある」

この作文を読んだ先生方は、とても不愉快な気持ちになったそうです。

「病的なやつだし、こんな病的な母親だから、登校拒否になってしまったんだ」と理解されていたようでした。

ところが、私の講演を聞いて、納得がいったというのですね。

その日、私がお話したのは、**「人は十分な依存を経験しなければ、自立することはできない」**ということでした。

前に申し上げたように、子どもにとっての「依存」とは、いいかえれば「甘え」です。つまり、十分な依存・甘えが、十分な自立につながるということです。

そんな私の話を聞いた先生は、「こういうことだったのかと思えて、目からウロコが落ちた思いだった」と、こういって来られたのです。

少年は、母親との入浴はそれ1回きりでしたが、それがきっかけで変わったといっているのですね。

たぶん彼は、幼少期に親に甘える体験が少なかったのでしょう。抱っこをしてもらったり、あやしてもらったりして、十分に甘えて安心できる充足感に欠けていたのではないかと思います。

その不足感がお母さんといっしょにお風呂に入ることをきっかけに変わり、親子で話をしたり食事をいっしょにしたりするなかで、改善されていったのでしょう。

依存できる相手を求め、体を売る少女

そもそも人間は、自分がしっかりと受けとめてもらえているか、依存させてもらえるかどうかを確認したがります。それが前にお話しした思春期の「反抗」です。

親や教師のいうことに反発してみたり、無視してみたりするのは、全部「ぼく、わ

たしのことを本当に受け入れてくれるの?」という確認作業なのですね。

子どもは無意識のなかで、自然とそういう行動をとるものなのです。「依存」と「反抗」。この2つを繰り返しながら、人は自立していくのです。

現在、深刻な問題となっている不登校やひきこもり、リストカットなども一種の「反抗」です。こうした問題行動をとることで、自分のことを保護してくれるかどうかを試しているのです。作文の少年も、学校に行かないことで「それでもぼくのことを受け入れてくれるの?」と確認していたのでしょう。


援助交際をしている少女が、こんなことをいったことがあります。

「いやなおじさんなんかが多いけど、ときに、やさしくしてくれたりしてうれしくなるような相手に恵まれることがあるんです。それでね、あるときからはそういうチャンスを心待ちにしてやっていたところがあった」と。

お金を得るためにやっているのだから、不愉快なことも我慢できるのだけれど、その一方でいい人に出会えることがあるというわけです。彼女には、ひたすら求めていたものがあったのです。そして、「そういう気持ちの子は、私だけじゃないと思う」

ともいっていました。

彼女が求めていたのは、**自分を保護してくれるような人だったのでしょう。援助交際や売春をしている少女たちには、本当の保護者（依存できる相手）に恵まれなかったという欠落感があるのだと思います。**

依存と反抗を繰り返しながら、子どもは自立していくのですが、その依存の部分が欠落していて、反抗だけが強い子どもは、やがて強い依存欲求をもちながら、健全でない反抗のかたち、つまり援助交際や、非行、薬物依存などのいびつな行動に走ってしまう危険を常にはらんでいるのです。

まとめ

自立することを求める前に、子どもが気がすむまで十分に依存（甘え）させてあげることが大切です。

反抗期は順調な成長のあかし

反抗期は自立への第一歩。大いに歓迎しよう

人は依存と反抗を繰り返しながら自立していくということをお話ししました。では、依存と反抗は、同じぐらい必要なのでしょうか。私はそうではなく、総量で決まると考えています。

依存が大きければ、そのぶん反抗は小さい。依存が足りなければ、反抗は大きくなる。

反抗が十分できず、依存も足りないままなら、子どもが健全に自立していくことはむずかしいでしょう。

ですから、子どもの反抗はある意味、親の喜びにならなくてはいけないと私は思う

のです。私自身、息子たちの反抗を楽しみにしていました。そして実際に反抗期がやってくると「お、きたな。なかなか手ごわいぞ」といったぐあいに、子どもを見守り、反抗期の次にやってくる成長を楽しみにしていました。

依存も反抗も十分でない「おとなしい子」の危機

ひきこもりや不登校の子は、依存も反抗も不足して育ってきた結果ではないかと私は思っています。私は岡山県で、ひきこもりの子どもをもつ家族のみなさんと勉強会をしていますが、この話をすると、みなさん思い当たるとおっしゃいます。

ひきこもりの子は、親に反抗しないおとなしい子だったと、みなさんいいます。しかし、依存と反抗の関係からすれば、反抗が少なかったぶん、依存も十分できていなかったのです。子どものいうことを聞くよりも、親のいうことを聞かせることのほうが多かったというわけです。

自立した人間に成長するには、依存と反抗の両方が十分に必要であることをみなさんには理解しておいていただきたいと思います。決してバランスではないのです。

依存が足りなかった子は反抗が大きい。依存をゆったりたくさんできた子は反抗が小さい。両方とも足りなかった子は悲劇です。

どうぞ、子どもから思いきり依存される親になってください。そして、反抗を喜び、思いきり受けとめられる保護者になってほしいと思います。

私はよく、野球のたとえで説明します。すばらしいピッチャーの投げるボールを、ミットにしっかり受けとめたキャッチャーは、「いい球だ」「ナイスボール」といって喜ぶでしょう。

子どもの反抗に接する親の気持ちもこれに近いものがあるのではないでしょうか。反抗を楽しむくらいのゆとりをもっていただきたいと思います。

まとめ

子どもが安心して反抗できる親、喜んで受けとめられる親になりましょう。

興味をもち、本気で聞くことで信頼関係が築かれる

心を開くには、本気で話を聞いてあげることから

私は臨床の場で、むずかしい問題を抱えた若者たちにたくさん会っています。

そのなかに、援助交際をしている少女がいました。

私が最初に少女に対してすることは、来る日も来る日も話を聞くだけです。はじめは、こちらをとても警戒しています。

彼女たちは、親もまわりの大人もまったく信じていません。親を好きだと思えている子はおそらくいないでしょう。それは、話をしていくうちに感じられます。否定と軽蔑の気持ちが、言葉の端端《はしばし》から伝わってくるのです。

ですから、私に対しても最初は「こんな人と会っても何も変わらない」という猜疑心が表情にありありとにじみ出ています。

そんな少女たちと向きあって、30分なり40分なり、話を聞いていくわけです。

話を聞くときは、彼女が主役を演じられる話題を注意深く選びます。私のほうが不案内で、彼女たちのほうがよく知っている若者の現代文化、たとえばファッションとか音楽などが話題となります。

こちらが知らないことですから、ときどき「それはどんなこと?」などと教えてもらいながら、じっくり聞いているとみんないきいきと語ってくれます。

そのときに大切なのは、**相手がどんな思いで、何を語ろうとしているのか、純粋に興味をもち、楽しみ、関心をもって聞くことです。**

ひたすら聞く。「本気で聞く」のです。何か月も聞き続けます。

こちらからはほとんど何もいいません。時間いっぱい、ただ聞いているだけです。

少女たちは、どの子も全員といっていいほど、最初は家族のことを話します。けれど、私はあえてできるだけ彼女たちが主役になって語れる音楽とかファッションとか、友だちのことなどに話を向けます。

こうして、ひたすら話を聞き続けていると、必ずあるときにこういってくる時期がやってきます。

「私が何をしてるか、先生、知ってますか」

援助交際の話です。そこに来るまで待っているのです。自分から打ち明けたいと思う気持ちがわいてくるまでだまって聞き続けます。1カ月、半年、ときには1年以上かかってしまうこともありますが、辛抱強く待つのです。

そして、その時期がやってきたら、こういいます。

「ええ、知っていますよ。それが心配だから、こうやって何回も何回もあなたと会うことを続けているのですよ」

「そうなんだぁ、やっぱり」

そして、子どもたちは必ず聞いてきます。

「先生、どう思う?」と。

そのときには、こちらが思ったことをしっかりいってあげます。こんなことをいったら傷ついてしまうかもしれないなどと、遠慮していてはダメです。

「あなたがやっていることは、僕は悪いことだと思う。親だったら耐えがたく悲しいと思う。親でなくたって、あなたとこうして親しくなった者としても悲しい」

そう、本気でいってあげるのです。

すると、彼女たちはさめざめと泣きます。こうなれば、もうだいたい大丈夫です。自分のことを真剣に思ってくれる人に出会えた喜びです。そして自分がやってきたことへの後悔のような感情が入り混じってのことでしょう。

このように、自分に対して善意や好意をもってくれる他者と自分との関係を確認するところから、彼女たちは立ち直り、自立への歩みをはじめるのです。

「この人は私の話をずっと聞いてくれた。受けとめてくれた。きっと自分のことを大切に思っていてくれるに違いない」

少女たちの涙は、そういう受け入れられたことへの安心感であり、自分がしていることで相手を悲しませてしまっていることに対する申し訳なさがこめられているのでしょう。

子どもは本気で叱ってくれる大人を求めている

実は、はじめからこういう方法をとっていたわけではありません。過去には、あたりさわりのないように、傷つけないようにと思って、やんわりと伝えたこともあります。でも、それでは相手は失望するんです。生半可なやさしさや、手ぬるさでは相手の心に届かないのですね。

彼女たちは、「本当に自分のことを思ってくれているんだ」と思える相手ならば、「この人だったら叱られたっていい。本気で叱ってほしい」と思っています。

援助交際に限らず、さまざまな問題行動をしてしまう子どもたちも、みんな本音ではそう思っているにちがいありません。

ぼく、わたしのことを本気で思い、叱ってくれる人を求めているのです。

逆に、「信頼できない大人からは叱られたくない」「あんな先生にいわれる筋合いはない」「あの親に叱られたくない」という気持ちをもっている子どももいます。

そういう子どもたちは、親にいろいろいわれたくない、親の世話になんかなりたくない、という一心で、自分でお金を手にする手段を探します。それがアルバイトならばよいのですが、援助交際でお金を得ようとする子もいます。

そして自分で稼ぐことを覚えた彼らは、親に対して「ロクなことをしてくれなかったし、自分の都合のいいことばかりしてきた親のいうことなんか聞くもんか」という強い拒否感をもっています。

だからこそ、大人に対して不信感や嫌悪感を抱いている子どもたちに対しては、彼ら自身が「この人からなら叱られてもいい、叱ってほしい」と思うようになるまで、じっと待っているのが、いちばん重要なことなのです。

最近の子育てに抜けているものは、その子が何をしてほしがっているかということを聞いてあげよう、わかってあげようという姿勢です。どうぞ子どものいうことをよく聞いていただきたいと思います。話を聞くことが、子どもの依存欲求を満たすことになるのです。

まとめ

子どもの気がすむまで、話をじっくり聞いてあげること。
そうすることで子どもは
「自分のことを大切に思ってくれているんだ」と安心します。

親子のみぞを埋めるには、子どもの声に耳を傾けて

何不自由ないはずの子が自宅に火をつけ……

以前、不登校になってしまった女子大生のカウンセリングをしたことがあります。そのときご両親に、学校というのは学生同士、先生と生徒とが相互依存しあう場であること、そして相互依存の人間関係の経験が足りないと、仲間と相互依存ができなくなるのだということを話しました。

相互依存ができないと、人の視線がこわくなったり、死にたくなったり、学校に行けなくなるのですね。

相互依存ができるからこそ、仲間を信じることができ、仲間を信じる自分に誇りをもてるのです。だから、学校や社会という場所へ出ていけるのです。

娘さんは今それができないのだから、まずはお母さんやお父さんを思いきり信じられるようになれたらいいんだという意味のことを、申し上げました。ところが、ご両親にはそういうことがピンとこなかったようでした。何不自由なく育てて、大学まで行かせているのだというわけです。

お父さん、お母さんに安心して依存できなかったのでしょう。彼女は自宅に火をつけました。そして、リストカットをするようになります。本気で自殺したかったのではなく、自分の苦しみに気づいてほしいというサインでした。

心のなかでは必死に「私を助けて」と叫んでいたにちがいありません。それから拒食症。薬物への依存もありました。そこまできてはじめて、ご両親は自分たちが娘を苦しめてきたのかもしれないと思えるようになりました。家が燃えてしまったことに対しては、娘への憎しみの感情が消えないとおっしゃっていました。

それに対して私は、「憎しみの感情が消えないと思っている間は、お嬢さんは立ち直れないと思います。この子が不憫でしょうがないと心の底から思えるように一生懸命努力してください」と、ていねいにお話ししました。

いろいろなお話をするうちに、ご両親は徐々に徐々に変わっていかれました。

そして、「考えてみたら、この子が不憫だ」といわれるようになりました。

夫婦2人で働いて、何不自由なく育てたという両親の気持ちはわかりますが、子どもは本当のところ、お母さんは働かないでそばにいてくれたほうがよかったと思っているかもしれません。

もちろん、お母さんが働いてはいけないということではありません。それが悪いのではないのです。ただ、親子のすれちがいというのは、こういうところから起きるものだということです。

親は、子どものためを思って2人で一生懸命働いてきたと思っています。その気持ちにうそはありません。でも、子どもは、それを望んではいませんでした。むしろ、親にいっしょにいてほしいというのが本当の心です。お父さんお母さんは、それがかなわなかった子どもの気持ちに、思いを寄せたことがあったでしょうか。どんなに親が「子どもには何ひとつ不自由させないで育ててきた」といっても、本当はどこかで不自由を感じたかもしれないし、さみしい思いをさせたかもしれないのです。

親子の間のみぞは、こうしたすれちがいから大きく広がってしまうのです。

「子どもは何を望んでいるのだろう」の問いを忘れない

子どもの幸せを願わない親はいません。このご夫婦だって、子どもを愛し、幸せになってほしいと願うからこそ、一生懸命2人で働き、不自由のないように育ててきたのでしょう。でも残念なことに、その願いのなかには、「子ども自身は何を望んでいるか」という、もっとも大切なことがすっぽり抜け落ちていました。

これは、子どもを育てていくなかで、親がつい見失いがちなことです。

日ごろから、親として子どもに望んでいることと、子ども自身が望んでいることとが合致しているかどうかを見極めることが大切です。それを抜きに、「私は子どものためにこんなにしてやっているのに」と、一方的に親の思いを押しつけるのがいけないのです。押しつけられた子どもは、安心して親に依存することができません。親と子の相互依存の関係がもてないのです。

前に、子どもの話を聞くことが大切だといいましたが、思春期の子どもは、自分のことをあまり話しません。親にこうしてもらいたいと思っていても、それを口にできる子はあまりいないのです。ですから、私たちは言葉にならない子どもの気持ちをキャッチする努力が必要です。私たち大人は、よく「今の子どもは何を考えているかわからない」と口にします。少年による凄惨な事件が起きるたびに、「子どもが変わった」「凶暴になった」などといって、あわてて対応策を考えます。

でも、本当は「子どもがわからない」のではなく、わかろうとしていないのではないでしょうか。

臨床の場でたくさんの親子と会い、保育士や先生たちと勉強会をしてきた私の実感です。今、私たち大人に求められているのは、子どもがわからないと嘆いたり、大人の希望を押しつけたりするのではなく、子どもの気持ちを理解しようと努めること、声にならない子どもたちの心の言葉に耳を傾けることなのです。

まとめ

「こうしなさい」という思いがわいてきたら一度立ち止まって、子どもがどうしたいのかを見つめてください。

第3章

生きる力になる“自尊心”を育む

「他の子」とのちがいをみつけて受け入れよう

劣等感と優越感はいじめと深くつながっている

友だちや、まわりの人と人間関係が築けずに苦しんでいる子どもや若者が大勢います。

人は、他人との交わりのなかで、自分を発見していきます。エリクソンの言葉を借りていえば、「自分を、他人の目を通して見つめる」ということです。

特に思春期というのは、自分がどんな個性をもった人間か、どんな能力や特性をもっているのかということを見つめる時期です。

つまり、アイデンティティを確立するときなのですね。

しかし、他人とどうかかわっていけばよいかわからない、コミュニケーション下手な子どもたちは、自分がどんな人間であるか、他人を通して見つけられなくなっています。

子どもたちのアイデンティティの確立を阻んでいるのは、それだけではありません。今、幼稚園でも学校でも差をつけない教育が浸透しています。突出して優れている要素をもっている子がいても、その子だけ評価するのは平等ではないという考えから、運動にしても勉強にしてもできるだけ優劣をつけないように、差が生まれないような工夫がなされています。

みな横一列に並べようという教育の影響で、子どもたちは個性を発揮しにくくなって、自分と他人のちがいを発見しにくくなっています。

ほかの先進国と比較して、日本の子どもたちは中学や高校と成長するにしたがって、希望や意欲を失っていく傾向が顕著だという調査結果もあります。

将来はただ食べていければそれでいいとか、責任のある仕事は避けたいとかいう青年が多くなっているのです。

その一方で、過剰な受験競争に組み込まれている歪んだ現実があります。みんなちがうんだということを知ったうえで、勉強のできる子もいるしできない子もいる。

そう思えば受験に失敗しても、過剰なまでに劣等感や挫折感を味わうことはないのではないでしょうか。

できるだけたくさん、「自分は自分」「○○さんは○○さん」とはっきり他者とのちがいを認識し、それでいいんだと思うことが自己を確立していくうえでとても大切です。

自分と他人を比較することは、ときに優越感になったり劣等感になったりします。「あいつよりもぼくのほうが足が速い」とか「あの子よりもわたしのほうが英語は得意」といった意識は優越感につながり、逆にまわりの友だちと比較して自分ができないことに対しては劣等感を覚えます。

子どもに限らず、人はなんらかの優越感、劣等感をもっているものです。

しかし、それらが過剰にあるのはよくありません。

自分は自分だ。他人と比べてどうこうというものではない。そう思える人は余計な劣等感をもつことはありません。

自分を信じられる、自尊心が育っているからです。

しかし、**自分を好きになれない子は、他人のことも好きになれません。自分よりも優れているものをもっていると自覚すると、それが劣等感になり、蔑みの対象になったりします。**

その裏返しには、優越感があることも見逃せません。

ある部分について、自分のほうがちょっとでも優れていると思うと優越感をもち、逆に、こいつにはかなわないと思うような人の前に出ると、卑屈なまでに劣等感を抱いてしまう。

その延長線上にあるのが、いじめです。

つまり、自尊心が損なわれるような育てられ方をしてきたために、自分を信じる力が弱く、他人のことも信じられない。劣等感が強い。だから他人を攻撃することに抵抗がないのです。

人間は他者と共感する気持ちがしっかり育たないと、他者を傷つけてしまうことがあります。

いじめる子どもは、基本的に人と共感することができません。

そのために、自分より優れていたり劣っていたりする相手に対し劣等感や優越感を感じ、それがいじめに発展してしまいます。

会社のなかでも、あいつはできると素直に思えない人が多いですね。うらやましいとか、あれくらいできたらいいね、とさばさばしていられないのです。だから逆に、あいつはダメなやつだと、蔑んでしまう。

自分が優越感をもつためにだれかを蔑んだり、自分が劣等感をもっているために他人の足を引っ張ろうとする。

いじめの構造はすべて、優越感と劣等感の裏返しの構造です。

子どもの場合、自分が優越感をもっている仲間をいじめるときは、自分1人だけでもグループでもいじめます。

ところが、自分が劣等感をもっている対象の場合は、気持ちがいじけてしまっていますから、仲間たちとグループをつくってからでないといじめられなくなります。決して親しくなった仲間というわけではなく、昨日今日知りあった仲間と組んでひどいいじめや、ときには殺傷事件さえ起こしてしまうこともあります。

いじめを解決するのにいちばんの方法とは

いじめを解決するのは、本当にたいへんです。担任の先生の指示や命令で、うまくいった例を私は知りません。「いじめはやめなさい」といった、上からものをいうような態度では、だれも話を聞かないのです。では、どうしたらよいのでしょうか。

私は、**いじめている側の子どもに「お願い」することにしています。命令でも指示でもない。「頼むよ君たち、○○くんは困っているんだ」と。子どもと同じ高さに立つ。**

いいえ、お願いするのですから、子どもの下に立つといってもいいかもしれません。何度も根気よくお願いする必要はありますが、そのほうがはるかに効果があります。

人間は命令や指示では反発します。ところが依頼を受けると、ある種の共感的な感情が芽生えるものです。

私がこういう方法をとるようになったのは、自閉症の生徒に出会ったことがきっかけです。

自閉症の生徒を指導するとき、その生徒に向かって「みんなにあわせるんですよ」とサポートしても、よくはなりません。それより、みんなに自閉症の生徒にあわせてもらったほうが、うまくいくのです。自閉症の子どもたちが、自閉症でない子どもの世界や文化にあわせるのはたいへんなことです。不可能といってもよいでしょう。

一般の生徒に自閉症の生徒のほうへ歩み寄ってもらうときに、こうでなくちゃダメだという指示や命令はしません。指示や命令ではうまくいかないのです。

そこで私は、自閉症の子ども自身に自分のことをよくわかってくれると思う友人の名前をあげてもらい、その彼らに頼むのです。

子どもたちに自閉症と伝えるかどうかは、そのときどきでちがいますが、いずれにしろ、

「彼はみんなとちがって、こういう個性をもって生まれてきた。だから、こういうこ

とはできないけれど、こういうことならよくできる。つらくて困っているから、協力してあげてほしい。あなた方が理解して応援さえしてくれれば、彼は学校でとてもいきいきといろいろなことができるようになるから、頼みますよ、あなた方が頼りですからね」

とお願いします。お願いされた子どもたちは、私の話をよく聞いてくれます。そして、最後に「頼みますね。お願いしますよ」というと、わかったとうなずくのです。

人は、「お願いします」と依頼を受ける場合と、「こうしなさい」と指示される場合とでは、聞き入れ方がちがいます。お願いされたときのほうが、子どもはその課題や役割に意欲的に取り組めるものなのです。

まとめ

「こうしなさい」ではなく「こうしてね」という依頼スタイルで話せば、子どもは素直に聞き入れるようになります。

「自分を信じる力」と「人を信じる力」を取り戻す

人が信じられない子は傷つきやすい

子どもたちを見ていると、友だちであっても相手の心には踏み込まず、表面的なつきあいしかしていないようなところがあるようです。人とのつきあいを深めようとしないのは、自分が傷つくのがこわいからなのだと思います。

学校の先生たちの話を聞いていると、「今の子どもは、ほんの些細なことで傷ついてしまうから対応がむずかしい」ということをしばしば耳にします。

その言葉の裏には、「昔だったら、この程度のことでは傷つかなかったのに」という戸惑いがあるように思います。

たしかに、私が子どもの頃はみんながもっとたくましく、傷つきにくかったと思います。親や先生に叱られることはしょっちゅうでしたが、みんなが同じように叱られていましたから、叱られたことをいちいち気にすることはありませんでした。

「今日はぼくが叱られちゃったけど、この間、あいつも先生に注意されてたよな」と思うと、叱られたときは落ち込んでも、すぐにけろっと忘れて立ち直れたものです。

しかし、今の子どもたちにはそれが通用しません。先生からきつく叱られたり、罰を受けたりすると、回復が困難なくらいに傷ついてしまい、学校へ行けなくなってしまう子もいます。

どうして昔の子どもたちが平気だったことが、今の子どもたちにとっては傷つきの対象となってしまったのでしょうか。


それはひとつに、友だちのことを、本当の仲間だと思っていないからということが考えられます。人を信じる力が欠如しているのです。


昔の子どもは友だちを仲間だと信頼し、たとえ傷つくようなことがあっても、「みんながいるから大丈夫」と思えた。

親や大人に怒られても、仲間たちのなかで心の傷を癒すことができたのです。

しかし今の子どもたちは、人が信じられないから、友だちのなかでやすらぐことができません。「こんなことがあったんだ」と打ち明けられる友だちもいません。

だから、傷つくような出来事があると、1人でそれを背負い、傷ついた心を癒せないまま苦しむのです。要するに、1人ひとりが孤独になり、ばらばらになって孤立してしまったことが、傷つきやすくさせている原因なのです。

「自分がきらい」な子の衝動

傷つきやすい子どもたちは、人を信じられなくなっているだけでなく、自分自身も信じられない状態にあります。自分のことが好きになれないのです。

ここに、気になるデータがあります。民間の教育研究団体「麻布台学校教育研究所」が平成17年のはじめに、現代の子どもたちの心のなかを探るための調査をしました。

そこでわかったことは、「自分が好きではない」子が、小学生男子で23%、女子31%、中学生の男子で50%、女子で63%もいるということでした。

中学生の半数以上が「自分のことが好きになれない」と思っているのです。自分のことが信じられない、自己を肯定できないわけです。

人が信じられず、自分も信じられず、孤立している子どもは、ときに他人を傷つける行動に走ってしまうことがあります。新聞などを見ていると、10代や20代そこそこの若者の衝動的な事件をしばしば目にします。

電車のなかで携帯電話で話している若者をたしなめた人が、ナイフで刺されてしまったとか、酔った会社員を集団で襲って重傷を負わせたとか、悲惨なケースでは少年が人を殺めてしまうこともあります。

彼らは、人や社会に対して、敵意や攻撃的な感情を強くもっています。

自分を育てた人たちやまわりの大人たち、すべてに対して、怒りと不信感でいっぱいなのです。全部、否定しているのですね。

他人だけでなく自分自身のことをも否定してしまっているのです。

そうした若者は、自分の人生についても投げやりなところがあります。

将来に希望などないのだから、自分のことなんか別にどうでもいい、と心のなかで思っています。

「自分がどうなってもかまわない」「別に死んでもいい」そう口にする子を私は何人も見てきました。

　100キロ以上のスピードで、危険な運転をして走る暴走族の少年に、私は聞いたことがあります。「君はどうしてそんな危険を冒してまでも、暴走するの?」と。

　すると少年はこういいました。

「命なんて惜しくない。もしも死んでしまっても、まあいっかなと思う」

　なんとも悲しい答えです。リストカットやオーバードーズ（薬の過剰摂取）がやめられない少女も同じようなことをいうのです。

「死にたくてリスカしてるわけじゃないけど、このまま死んでも別にいい」

　援助交際をしている少女の心も同じように空っぽでした。

　彼女たちに「自分をもっと大切に」といったところで、理解できないでしょう。援助交際をしていることが、自分の体を傷つけているとは思っていないからです。そこには「どうでもいい」という深い自己否定感が潜んでいます。

　人を信じられない、自分も信じられない若者の心は、ここまで荒廃してしまっている。この現実を、私たちはしっかりと受けとめる必要があると思います。

うちの子はそんなことはない。親子でなんでも話しあっているし、友だちもたくさんいる。孤立なんてしていないはずだ。そう思われる方もいるでしょう。

でも、子どもの心までは親でも理解することはできません。親の前では普通にしていても、心のなかでは孤独を抱えていたり、深く傷ついていたり、だれも信じられないという葛藤を抱えているかもしれないのです。

大切なことは、当事者意識をもつことです。自分の問題、自分の家庭の問題として、子どもたちの心に寄り添うことが、私たち大人に求められているのだと思います。

「信じる気持ち」の育て方

では、自分も人も信じられないと思ってしまっている子どもに、どうやって信じる力を育てていけばいいのでしょうか。

人を信じる力も、自分自身を信じる力も、根本的には同じです。

他人のことは信じられるけれど、自分は信じられない。自分には自信があるけれど、人は信じられない。そういう人はいません。

信じる力の土台となるのは、人を信じる力です。

だれかのことを信じられる感性がしっかりと育っている子は、自分を信じることができます。


自分が信じている人から、愛されている、評価されているという実感を得られると、子どもは自信をもつことができます。

子どもがいちばん信じたいと思っている人。それはお父さんとお母さんです。


幼いころから親の愛情のなかで安心して育った子どもほど、人に対する信頼感や自分が生きていける環境に安心感をもっています。学校でも先生を信頼し、友だちとの交わりのなかでくつろぎながら成長していけるでしょう。

子どもから信頼される親であってほしいと思います。子どもがいちばん安心できる存在であってほしいと思います。

子どもが大好きなお母さんお父さんになることが、子どもの人を信じる力を育むのです。

簡単にいえば、毎日学校に持っていくお弁当について子どもが「ぼく、わたしのことをお母さんは好きでいてくれるから、一生懸命お弁当をつくってくれる。だからおいしいんだ」、そう思えればいいのです。

そこには親を信頼する気持ちも、自分のことを肯定する気持ちも両方あります。

言葉で「あなたのことを思っているよ」と伝えることも大切ではありますが、言葉よりも子どもの心に届くのは、親自身がわが子のことを心から大切に思い、そして子どもの望みを満たすことに心をくだくことです。

どんな言葉を並べるよりも、愛のある行為は必ず子どもに伝わります。

まとめ

子どもが大好きなお父さんお母さんになることが、子どもの「信じる力」「たくましく生きる力」を育むのです。

信じてあげると、人と深く交われる子になる

人とコミュニケーションできないのはなぜか

子どもは、人とのコミュニケーションの仕方を親との交わりのなかで学び、他人との関係に応用していきます。親を信じる力が、友だちを信じる力になり、先生を信じる力になり、社会のいろいろな人を信じる力になり、それが社会性になっていきます。

大学の専任教授になって、ひとつとてもよくわかったことがあります。

アルバイトばかりして学校に来ない学生がいますが、彼らはお金に困っているわけではありません。学校に来なさいと何度いっても、どうしても出て来ません。

そこであれこれ話をして、やっとわかったのは、彼らは人と深くかかわる必要のある場へは行けないということでした。したがって、ガソリンスタンドやコンビニなど、当たり障りのない人間関係ですむアルバイトをしているのでした。

もちろん、お客さんと会話はしますが、コミュニケーションといえるものではあり

ません。それはマニュアルを基本とした機械的な交わり方です。

コミュニケーションとは、人を信じたり、理解したりするというような人間関係の深まりのあるものであって、単に会話を交わすことではありません。

会話ですむところにならいけるけれど、人間関係が深まりそうなところには行けない。

学校に来られないということは、そういうことです。

けれど、いろいろな人との人間関係をつくり、コミュニケーションがとれるということは、人生をゆたかにする点においてとても重要です。

親とのコミュニケーションからはじまって、祖父母や親戚の人、近所の人や友だちとだんだん発展するのが人の成長です。

ひきこもりや不登校などの問題の背景には、必ずコミュニケーション能力の不足があります。

そしてその根っこをたどっていくと、親に対する信頼感の乏しさがあるのです。

人との交わりのなかで自己を確立していく

人間というのは、自分がどんな能力や資質をもっているかは、人との関係のなかで自覚していくものです。人と比較することで、自分が何者であるかを知り、自分をつくっていくといってもよいかもしれません。

この場合の比較とは、「優劣」ではなく「異同」です。どこが似ていてどこがちがうか。それをたくさん寄せ集めることで、自分という人間が見えてくるという意味です。

・優劣＝他人と比較してちがう部分を優れている、劣っているという視点で自覚すること

・異同＝他人と比較してちがう部分を、素直にどこが似ていてどこがちがうのかを認めること

サッカー部の男の子だったら、「あいつと足の速さは同じくらいだけど、シュート力はぼくのほうが上だな」とか、「○○ちゃんは私と同じように明るくて友だちも多いけれど、わたしにはない気配りができる人だ」といったことです。

このように、自分と他者とのちがうところや同じところを寄せ集めていって、自分の個性や人間性、人格の中身を発見し、自己を確立していくのです。

そのときに人と交わる力が弱いと、自分がどんな人間であるかが、自分で見えなくなってしまいます。

人と交わる力は、人を信じる力です。人を信頼していなければ、他人と深くかかわろうとは思わないからです。

人を信じる力は、人から信じられているという実感に支えられていなければ得られないもので、それは表裏一体の関係なのです。それが、共感に裏打ちされた真のコミュニケーション能力を形成していくのです。

まとめ

親を安心して信頼できる子は、人と深く交わることができ、他人と自分とを比較しながら自然と自己を確立していけます。

親の自己保身が子どものプライドを傷つける

「命令」と「約束」はちがうもの

家庭内暴力の青年に苦しんでいるご夫妻が、私のところに相談に来ました。

高校生の息子がパソコンで遊んでばかりいて、学校の勉強が遅れがちになってきた。パソコンを取り上げようとするお父さんと、どうにかしてパソコンを使おうとする息子との格闘の日々が続くなか、お父さんと息子はたいへん険悪な仲になり、今では一触即発の危険な状態にあるということでやって来られたのです。

お父さんは一方的に、「コンピューターは何時間以上しないと約束したのに、あいつは約束を守らない。だからあいつが悪いんだ」と、こうおっしゃるばかりです。

よくよく話をうかがい、私はこんなふうにいいました。

「お父さん、それは約束ではないんじゃありませんか。あなたが押しつけただけ、無理矢理、ウンといわせただけじゃありませんか。強いほうが弱いほうに向かってウンといわせたことを約束といっちゃいけないですね。それは命令しただけです。息子さんが約束を守らなかったというのは、お父さんの一方的ないいぶんですね」

このお父さんは社会的には功成り名遂げた仕事をされている方で、どう収拾していいのかわからないという状態でした。

お母さんは、「もう学校には行かない、将来の希望も夢もなくなった」という息子にただハラハラしているばかりの様子でした。

このままでは何もよくなりません。私は解決策として、もっともよいと思える方法を率直にお話ししました。

「ちゃんと息子さんに謝るのがいいと思います。よく考えたら、私に間違いがあった、行きすぎがあった。約束したなんていったけど、実は命令しただけだった。心から悪かったと思う。謝るよ。こんなふうに、率直に伝えてやり直すのがいちばんではないでしょうか」と。それ以外に、いい方法はないと思えたのです。

よく、みなさん勘ちがいされているのですが、「命令」と「約束」はちがいます。

・命令＝一方的に強い者が弱い者に対して力づくでしたがわせること

・約束＝お互いに合意のうえ、「こうしよう」というルールを決めること

つい大人は、「親だから」「教師だから」「年上だから」といった理由で、上からものをいうような、強制的なことを子どもに強いてしまいがちです。そして、それを「約束」と勘ちがいしてしまうのです。

大人から強制された偽りの「約束」を、子どもが素直に受け取るわけがありません。むしろ、自立しようとしている思春期の世代は、理不尽なことが大きらいですから、逆に大きく反発することもあるでしょう。

命令では本来人は動きません。相手が納得して受け入れられる条件でなければ、たとえ親の思うとおりになったとしても、子どもの心は不満でいっぱいになるだけです。ちゃんと子どもと対話をする時間をとってください。意味のある約束、子どものためになる約束だったら、きちんと話せば子どもは必ず理解して、「わかった」とうなずいてくれるはずなのです。

親が自分のプライドを優先させてはいけない

数年前、テレビ朝日の非行少年をテーマにした番組制作のお手伝いしたことがあります。栃木県にある喜連川《きつれがわ》少年院に、カメラとマイクをもって入らせてもらいました。

10代半ばから後半の少年たちからいろいろな話を聞きました。

当時、キャスターをなさっていた渡辺興二郎氏のインタビューは実に見事でした。誘導尋問はせず、好きに話してもらったのです。みんな率直に語ってくれましたが、彼らは1人残らずといっていいほど家族のことばかり語るのでした。

また、みんな共通して、表現はちがってもこんなことをいいました。

「ぼくにもぼくのプライドや自尊心、世間体、そういうものがある。親にも親の世間体やプライド、自尊心がある。メンツもある。お互いがもっているそれらがぶつかりあったとき、ぼくの親はどんなことがあっても絶対、自分のメンツやプライド、世間体、自尊心を優先して譲らなかった。そういう親だった」

どの少年もいろいろな話のなかのどこかで必ずいうのです。それも、とても強い口調でいいました。先ほどのお父さんにも、この話をしました。

お父さんのとった態度がすべて正しかったとか、息子のほうがすべて悪かったなどということはないのです。反対に、息子が正しく、お父さんが間違っているとも限りません。どちらにも主張すべき点と反省すべき点があるのです。

こんなときには、全面的に両親がプライドを捨ててくださることがいちばんだと私は思っています。

「そんなことできるものか」と思われるかもしれませんが、親が自己のメンツを立てるために、自尊心をつぶされる子どもの気持ちを考えてみてください。

「わたしの親は自分のことしか考えていない。わたしの気持ちなんてどうでもいいんだ」

そんなふうに思い、親への信頼感をなくしてしまうでしょう。

いつも親にプライドを傷つけられ、自尊心を無視されてきた子どもは、親を含めた周囲の人に対する猜疑心が強くなります。他人を信じられなくなってしまうのです。

反対に、子どものいいぶんや主張を受けとめられる懐深い親に対しては、素直になれるはずです。そして人を信じることができるでしょう。

「お父さんは、ぼくのことを尊重してくれる」という安心感は、子どもの情緒を安定させ、親のいうことを素直に聞けるようになり、周囲への信頼感をもてるようになるのです。

非行は親を許せない子どもの行為

プライドを捨てるのは、外に向かってではありません、自分の子どもに対してだけプライドを捨てればいいのです。ほんの少しだけ、大らかに考えてみればできることではないでしょうか。非行というのは案外、喜連川少年院の少年たちがいっていた「子どものプライドを守るために、自分の顔に泥を塗られるなんてことは耐えられない親」の存在に原因があるのかもしれません。

ある自立支援センターの職員の方から、こんなことを聞きました。

少年たちをセンターから送り出すときには、「もう戻ってくるんじゃないぞ」という気持ちで祈りをこめて送り出すけれども、「この子は危ない」「あの子は絶対大丈夫だ」ということは、長年の勘でわかるというのです。何がもっとも重要な鍵かというと、「この子はもう親を許せるようになっている」、この1点にあるのだそうです。

重みのある言葉です。喜連川少年院の方も、「非行というのはある意味、親を許せないと思っている少年の行為」だとおっしゃっていました。それがやがて、社会が許せない気持ちに発展していくのです。やり場のない不満、当たりどころのない怒りがふくらんで、社会に向かっていくのだと思います。

喜連川少年院にいたある少年の言葉が忘れられません。

「ここを出て一人前になったらぼくは少年院で働く人になりたい」

すばらしいと思いました。きっと、少年院でとてもすばらしい教官に出会ったのでしょう。

子どもの気持ちをよく聞いて、自尊心を守り、立ち直っていく姿をじっと見守ってくれる教官に、「自分はあの人のようになりたい」と思ったのです。こういう人に出会うことが大切です。大きくなったらこの人のようになりたい。そんな希望がもてる大人がまわりにいることは、なんてすばらしいことかと思います。

まとめ

子どもの自尊心を守ってあげられるのは親だけです。どうぞ、わが子のために自分のプライドを捨てられる親でいてください。

第4章

まるごと受け入れる、まるごと抱きしめる

いくつになっても、ふれあいは心の栄養剤

たくさんの「思い残し」を抱えた子どもたち

「思い残し症候群」という心の病があります。

元香川大学の岩月謙司教授の説で、子どものころに親から愛情を注いでもらえなかった、「こうしてもらいたかったのにしてもらえなかった」という気持ちが強く残っているために、大人になってから社会生活に適応できない障害があらわれてしまうというものです。

岩月先生が「思い残し症候群の典型」といった青年が、あるテレビ番組でこんなことを語っていました。

「自分は小さいときに親から愛されなかった。ひきこもりがちで、周囲の人の視線がとてもこわかった。だからあまり街に出られなかった。何かをする気力がなくなり、いつも死にたい、死にたいと思っていた。ただ、死ぬ前に世界中の人間を殺したいと

いう思いがあった」

私は、近年の衝動的な殺人を思って、彼の言葉にぞっとしました。

しかし彼は、こう続けています。

「ところが岩月先生に出会うことができた。そして岩月先生の奥さまからしっかり抱っこしてもらって、ミルクを飲ませてもらった。奥さまからひとさじひとさじカレーライスをスプーンで食べさせてもらった。そのことがとてもうれしかった。そうしたことを繰り返ししてもらっているうちに、人の視線なんかこわくなくなってきた」

彼はそういいました。そして、「死にたいという気持ちが、いつのまにか消えていました」と、打ち明けました。

番組に出ていたほかの人たち（治療を受けているのは20代、30代が主）も、「先生に出会えて本当によかった。先生に出会えなかったら、自分はあのまま自分で自分を殺していたと思う」というようなことを語っていました。

幼いときの「親にこうしてもらいたかった」という強い思いが残っている人は、だれかほかの人に手を貸してもらうことによって解決することができるのです。専門家の治療やカウンセリングは、その代表的なものです。

それがうまくできないと、人間はひきこもりなどの非社会的行動、あるいは非行に走って他人を攻撃するなどの反社会的行動に走ってしまう危険性があります。

ひきこもりと非行は、一見相反することのように見えますが、実は根っこの部分の多くは同じなのです。幼いころに満たしてもらいたかった愛情を満たしてもらえなかった。大切に育てられなかったということが根底にあるのです。

岩月先生の行為はセクシュアルハラスメントということで警察的な問題になりましたが、彼が行っていたセラピーの原理原則は正しいものだったと思います。

ただ、岩月先生のやり方は、相手が女性の場合は男性である岩月先生が対応し、男性の場合は奥さまが対応される場面がテレビで映し出されていました。しかも1対1でなさっていたこともあり、セクシュアルハラスメントと紙一重であったのかもしれません。ですから、非常にむずかしいことを試みていたのだと思います。

こんなときは、子どもを抱きしめて

岩月先生と同じようなスキンシップを取り入れたセラピーで、海外ですが成功している例もあります。

35年も前のことです。バンクーバーのブリティッシュコロンビア大学の児童精神科に留学していました。そのとき、ブラウンキャンプというキャンプに参加したことがあります。

非行少年のためのキャンプで、矯正教育のなかに、午前と午後1回ずつユースケアワーカー、チャイルドケアワーカーという人が、若者をしっかり抱っこして、哺乳びんでミルクを飲ませるプログラムがありました。ボトルフィーディングといいます。最初はみんな、「そんなみっともないことできるか」といって逃げ出します。けれど逃げるのをつかまえて、無理やり飲ませます。

すると、1、2回であっという間になじんでしまい、多くの若者がしがみつくようにして抱っこを求めるようになるのです。なかには、2回じゃ足りないといい出す若者もいました。私は、その経験が忘れられません。

幼児期に抱っこしてあげたり、おんぶしてあげたり、頬ずりしてあげるのは、多くのお父さん、お母さんがなさっていることでしょう。

ですが、どこか心に傷を抱えていたり、満たされないものをもっている思春期の子どもにとっても、「抱きしめる」ということは非常に大きな癒しを与えるのですね。

中学生、高校生、あるいはそれ以上に大きくなったわが子を抱きしめるなんて気恥ずかしい、抵抗があると思われるかもしれません。

中学生ともなれば、もう精神的には大人に近づいています。高校生は親からの自立と依存の間で葛藤する年齢です。ですから、いつも抱きしめてあげてくださいといっているのではありません。

でも、落ち込んでいるようだったり、何かに打ち込んでがんばっているな、と思ったときなど必要なときは、肩を抱いてあげたり、頭をなでてあげたり、ぎゅっと抱きしめてあげてほしいのです。

もし、子どもが親を拒絶していたり、気が荒立っていたりして、抱きしめることもできないような雰囲気のときは、無理矢理何かをする必要はありません。

お父さん、お母さんはいつでもあなたの力になるよ。苦しいときは、私たちの懐に飛び込めばいい。そんな思いで見守り、待ってあげてください。

親が深い愛情で見守ってくれている、待ってくれていると思えれば、子どもは安心して、いつか必ず心を開くようになるはずです。

まとめ

「どんなときもこの子を守る」という愛情は、子どもの心に深くしっかりと届きます。

「抱きしめる」ことが最大の愛情表現

抱きしめるだけで通じあえる

わが子を最後に抱きしめたのはいつですか。

子どもを抱きしめることは、とても大事なことです。赤ちゃんや幼児はもちろん、思春期の子だってそうです。なぜなら、抱きしめるほうも、抱きしめられるほうも、両方が喜びをわかちあうことができるからです。

第1章で、フロイトのリビドーのお話をしました。性の衝動です。人を抱きしめることは、リビドーを抱きしめることなんですね。

性というと、私たちはいかがわしく不健康なイメージもってしまいますが、親子が抱きあうというのは、まさに両方が喜びをわかちあっていることなんです。

逆に、とても悲しいときにも抱きあいますね。

子どもが何かわからないけれども悲しんで帰ってきたとき、ひどく落ち込んで帰ってきたとき、泣いて帰ってきたとき……。

だまって抱きしめてあげてください。子どもが悲しんでいるとき、傷ついているときに、お母さんが抱きしめて、いっしょに悲しんであげる。そういうなかに、情緒の交流があり、感情の交流があり、フロイトがいったような意味あいのリビドーの交換があるわけです。それは、本当に重要なことだと思います。

抱きしめられた記憶は、たとえ覚えていなくても、心のずっと奥のほうに大切にしまわれるでしょう。

抱きしめられた記憶は、子どもの心に深い安心感や、相手に対する信頼感、自分に対する肯定感、そして自信を育みます。

さらには、人を思いやるやさしさを自然と学びます。

子どもは、お父さんお母さんをいちばんの理解者であり、支えてくれる存在であってほしいと思っています。そして、外でどんなにいやなことがあっても、家に帰ってくれば安心できる。癒される。そういう場所であることを望んでいます。

ですから、お父さん、お母さんから抱きしめられるということは、子どもにとって救いであり、たくましくやさしい心を育む大切な行為なのです。

友人同士でも、何か悩みごとの相談を受けたとき、がんばってねという気持ちを込めて抱きしめることがあるのではないでしょうか。

自分には何もできないけれど、ただそばにいるよ、心から応援しているよ。そんなとき、人は言葉よりも体で気持ちを伝えようとします。その純粋な思いは、温もりを通して相手に伝わります。抱きしめられたほうは、友人の思いやりに癒され、勇気づけられることでしょう。

言葉よりも雄弁な愛情表現

私はときどき、ノースカロライナに大学の用があって行きます。そこには親しい人がたくさんいます。彼らは、久しぶりに会うとまず抱きしめてきます。

そして、私が日本に帰るときには、「今度はいつ来るのか」ではなくて、「いつ帰ってくるのか」と聞いてきます。そして私を抱きしめるんです。

これは親しみの交換、愛情の交換です。抱きしめることによってお互いの気持ちのなかに生まれる喜びを、彼らはよく知っているのだと思います。

抱きしめることが自然にできるのは、自分が過去にそうされてきた経験があるからです。また、抱きしめられることによって、癒されたり、がんばろうと思える気持ちを与えられたことがあるからなんですね。


人は自分が与えられてきたものしか、相手に与えられないものです。自分で独自につくりあげる、あるいはゼロからつくりあげるというのは、なかなかできないことではないかと思います。

ですから私は大学の講義で、人と気持ちをわかちあうことは人との交わりのなかでしか経験できないのだということを学生たちによく話します。

もしも、ひきこもりたくなってしまうようなことになったら、1人でもいいから友だちをつくりなさい。苦しいときには、そのつらさを友だちに訴えてごらんなさい、そう繰り返しています。

その苦しみをわかちあってくれる人がいるだけで、人はずいぶん癒されるのです。

人間関係のなかでしか人は人間になれないし、自分自身の存在の意義や存在の価値を見出せないものです。

人間関係というのは、支えあい、助けあうようなつながりのことをいうわけで、まわりにいくら大勢人がいても、そういう関係になっていなければ人間関係とはいえないわけです。

そして、そうした関係のなかで人は、喜びをわかちあったり、悲しみをわかちあったりするのです。

抱きしめる、という行為は、非常にシンプルで愛情があればだれにでもできる気持ちの伝え方だと思います。

そしてときに、言葉よりも雄弁な力のある愛情表現なのです。

まとめ

「今、この子を抱きしめたい」
わきあがるその思いに素直になってください。
その瞬間が、かけがえのない親子の絆を育むのです。

心をこめて、大好きな献立を

親を拒絶する子どもの心理

佐世保の同級生殺人事件を起こした小学6年生の少女を覚えていますか。あの少女のことを報じる新聞記事に、とても気になることが書かれていました。

「入所している自立支援施設で、少女はホームシックにかかっていない」という内容でした。記事では、このことについて、自立支援センターの職員が心配していました。

普通なら、施設に入ってある程度の時間がたつと、子どもたちはホームシックになるものなのですが、少女には変化がないというわけです。

まだ小学生なのに、ホームシックにならないような家族関係だったのでしょうか。とてもさみしい子どもだと思います。

さらに、その記事には、少女は家族の面会を求めない、あるいは拒否するともありました。本当なら、施設に入っていちばん求めるのが自分を守ってくれる存在、つまり親だと思うのですが、それを拒否するというのです。

なぜ拒否するのでしょう。

彼女は両親が子どものころに自分の要求、あるいは愛情を満たしてくれなかったということに対して、腹の底で怒りがあるのではないかと思っています。親に対する拒否感があるのです。

あの酒鬼薔薇少年も面会を拒否したといいます。２人とも根っこのところで、同じ気持ちをもっているのです。

幼いころに父親や母親などの保護者に愛情をかけられ、自分の要求をしっかり満たされた子どもは、家族はもちろん、学校や社会に出ても人と信頼関係を結べるようになります。

しかし、それができなかった子どもは、大きくなってから自分の要求をほかに向けるようになったり、ときには反社会的な行動をとったりするようになります。

佐世保の少女も酒鬼薔薇少年も、もっと小さかったころに、自分の要求を十分満足させてもらえなかったのではないかと思います。

もちろん、それが犯罪のすべての動機だということではありません。しかし、家族から大切に思われているという実感を、彼らはもてなかったのではないか、それが事件につながったのではないかと思うのです。

家族を非難するつもりはありません。ただ、家族の絆はとても重要です。子どもが人間関係の原型を最初に学ぶのは、家族だからです。

家族から学べない子は、仕方なく保育園で学ぶかもしれません。家族に虐待されて児童自立支援施設に入った子どもは、施設のなかで学ばなければなりません。

しかし、やはり家族から学ぶほど大きな力になることはないでしょう。

施設に入っている子どもたちのなかには、友だちとけんかをしたり、先生に注意されたとき、すぐに「ごめんなさい」といえない子がいるといいます。これはよくわかります。自分が大切にされずに育ってきたのですから、相手の立場に共感できないし、相手を大切にできないのです。

前にも申し上げましたが、お父さんお母さん方には子どもに対して、「あなたの喜ぶことをしてあげることが私の喜びだよ」という気持ちで接していただきたいと思っています。

そして、「あなたの悲しみは私の悲しみなんだよ」という気持ちを発見していただきたいと思います。

「ぼくは、わたしはお父さんお母さんに大切にされている」

という実感、安心感は、こういうところから子どもは感じとっていくのです。

思春期からでも間にあうのか

こうした子どもとの向きあい方は、本当は小さなときに、まだ赤ちゃんのような頃がもっとも大切です。思春期になって、問題が見えてきたときにあわてて対処するのは、なかなかむずかしいものです。

もちろん、大きくなってからでは手遅れ、というわけではありません。いつからでも遅くないという気持ちで接することは大切です。いつからだって、可能性はあります。

では、思春期の子どもに対して、私たちができることはなんでしょうか。絶対音感のような、幼児期に形成されるものではなく、いくつになってからでもできること。愛情がしっかりと伝わる方法、たとえ現在、親子の関係が多少ぎくしゃくしていたとしても、もう一度お互いの信愛を取り戻すのには、どんな手だてがあるのでしょうか。私がおすすめしていることは、そうむずかしいことではありません。

子どもの気持ちを満たしてあげるのに、有益な方法は〝手づくりの養育〟とでもいえばよいかもしれません。

なぜかといえば、手づくりには心がこもりやすいからです。

手づくりでなくても、心がこもっている養育や教育のやり方はいくらでもあるでしょうが、やさしいことではありません。心がこもっていれば、どんなことでもしてもよいのですが、心をこめやすいことと、そうでないことがあるのも事実です。

それぞれの人がそれぞれの得意なやり方でやればよいことです。

どの年齢の子どもにも日常的にしてあげやすい、あるいは機会が多いということで、私はよく例示するのですが、食事の用意を手づくりですることなど、もっとも心をこめやすいことだと思います。手づくりしているうちに、自然に心がこもってくるというお母さんに、数多く出会ってきました。

最近の朝日新聞「ひと」欄で、料理研究家の岸朝子さんに関する記事を読みました。岸さんは「おいしいものを食べさせて怒る人はいない」というお母さんの言葉に励まされるようにして、料理の道に入られたようです。そして昨今、「朝ごはんを食べていない子どもたちの姿と家族ばらばらの寒々しい食卓」に心を痛めておられました。国が熱心に提唱するようになった「食育」は本来、「家庭の仕事」なのです。本当にそうなのです。

こういうことが日々、家庭のなかできちんとできなくなってしまったのはなぜなのかということを、私たちは自問自答しながら生きなければならないと思います。どうすればいいのかという以前の問題です。

まとめ

子育てに手遅れということはありません。
子どもの大好きな献立を、心をこめてつくってあげる。
ひとつの大きな愛情表現です。

子どもを支える親のサポートが大切

ペットに癒しを求める親たち

子どもを抱きしめるという行為は、「あなたのことを思っているよ」という気持ちのあらわれで、行為としてはとても原始的なものです。けれど、電話や手紙、メールなどよりはるかにはっきりと人間関係を意識できる方法です。

隣に座って話しあうよりも、もっと強く意識できるのではないでしょうか。本当に強い人間関係の絆を表現することができるように思います。

ところが最近は、親が子どもを抱きしめられないんですね。抱きしめたいという感情がわいてこないから、抱きしめられないんです。

抱きしめるという行為は、原始的なものだけに、抱きしめたいと思わなければできないことです。けれど、本来人間には抱きしめられたいという欲求がとても強くあります。それによって、癒されることを知っているのです。

しばらく前からペットブームが続いていますが、その背景にはペットに癒されたいという欲求があるためです。昔の犬のように、庭に紐や鎖でつないでおくわけではありません。いつもそばにペットを置き、抱いている。人間が動物を抱きしめているようで、実は抱きしめられているのです。ペットに癒されているのは人間のほうです。

お母さんが子どもを抱きしめられないのは、自分が抱きしめられたいと思っているからです。

こんな親に抱っこされたかった、こんな夫や妻に抱きしめてもらいたかった、こんな人に愛されたいという願望の代わりとして、自分が抱きしめたいペットを求めるわけです。

保育園の子どもたちがままごと遊びをするとき、いちばん人気があるのはなんの役だと思いますか?

子どもたちが競ってなりたがるのは、ペットです。子どもは、自分の家庭で親がペットをかわいがっている様子をよく見て知っているのですね。家族のなかでいちばん愛されているのはペットだと思っているのではないでしょうか。

だから、子どもはペットになりたいと思うのですね。ペットのように愛されたいのです。

子どもに愛情をかけるゆとりがなく、自分が愛されたい、抱きしめられたいと思っている親世代の影響を受けて、子どもたちはみな、抱かれることに飢えています。

今、世代を超えて人々は愛情不足に陥ってしまっているように見えます。

親が、子どもをあふれんばかりの愛情で包み込んであげるには、まずそれを支えるお母さん自身の心が愛で包まれ、満たされていることが大切です。自分が愛情不足で不安やストレスを感じているのに、だれかに惜しみない愛情を注ぐことは困難です。

核家族化が進み、地域社会が希薄になっている現在、お母さんは子育ての責任を1人で背負っていることが多いようです。祖父母とは別に暮らし、お父さんは忙しさにかまけて、お母さんと子どもの関係の部外者になってしまっているようです。

でも、子育てをするのは、お母さんだけではありません。

夫であるお父さんのサポートが、お母さんにとっていちばんの支えとなるでしょう。そして、祖父母や地域、学校などが連携して子育てにがんばるお母さんをサポートすることができたら、お母さんはどんなにか安心して子どもに向きあえるでしょうか。

また、親世代が親しい友人をできるだけ多くもつことも大きな意味があります。共感しあえるような、喜びをわかちあえるような人をもつことです。

このように、夫婦間、家族間、地域間といった人間関係のなかで、子育てをする親がやすらぎやくつろぎを見出すことができれば、「自分が抱きしめられたい、愛されたい」という欲求が満たされ、大きな愛で子どもを抱きしめてあげられるのではないでしょうか。

「うれしいよ」「ありがとう」の力

さらに、子どもに何かをしてあげたら、子どもたちも自分が受けた愛情に対してお返ししたいと思える感性を、親がどうつくっていくかも重要です。

まずは、与える力がなくてはダメなんですね。与えるから、与えられるのです。

子どもを抱きしめれば、子どもは親に対する愛をしっかり示してくれます。そこに喜びの交換が生まれるのですが、親が与えられること、つまり抱きしめられることを望んでいては、結局ペットのほうがいいということになってしまいます。

自然に育児が上手にできる親は、無条件で愛情を与える力をもっています。だから、子どもの笑顔や元気な姿を見ることが親の喜びと思えるのです。


子どもが生まれると、最初は親が子どもに与える行為からはじまります。おむつを換えたり、おっぱいをあげたり、離乳食をあげたりして、子どもに与えるわけですが、子どもが成長すると、そのうちに子どもから与えられるものも多くなります。

たとえば、子どもが大好きなお菓子を食べているとき、ちょっと端っこのほうをちぎって、「おかあさんにあげる」といって、くれたりします。

子どものすることを自分の喜びにできる親は、「うれしいねえ」と心から感動することができます。ちょっとしたかけらをもらうだけですが、その子にしてみれば、精一杯あげているわけですね。

そして子どもは、大好きなお母さんに喜んでもらったことを「うれしい」と感じます。その喜んでいる子どもの姿を見て、お母さんはさらに喜びを感じます。

このように、喜びの交換を、自然にゆたかにできるようになれば、もっと親子関係はハッピーになれるのだと思います。

まとめ

お父さんへ。子育てを部外者だと思わずに、お母さんが安心して子どもに向きあえるようサポートしてあげてください。家族全員がハッピーになれる秘訣です。

第5章

思春期には、こんなまなざしが大切

まず、子どもの話を聞く

聞いてもらえば、子どもは安心する

小学生や中学生、あるいは高校生になって、友だちと仲良くなれなかったり、先生の話を聞けなかったりする子がいます。

それは、親がそれまで子どもの話を聞いてこなかったことが、原因のひとつかもしれません。

話を聞いてもらったり、聞いてあげるという感性が子どものなかに育っていないのです。

小さな子どもは、親に毎日のさまざまな話を聞いてもらいたいという欲求がとても強いのに、それがずっと満たされなかったのですね。

私のカウンセリングで、援助交際をしてきた子どもたちが延々と自分の話をするのも、小さな頃から親に聞いてもらいたいことがあるのに、それを聞いてもらえなかった不満を成長した今、発散させているのです。

こうした状況を改善するには、どうしたらよいのでしょうか。

前にも少しふれましたが、まず、親自身が人との関係を築けるようになる必要があります。たとえば、お母さんが夫に話を聞いてもらうのもいい。

あるいは、お母さんが職場でも地域社会でも、そのほかのところでもいいのですが、なんでも話すことができる友人を見つけるのもいいと思います。

もちろん、その際には、相手の話も聞かなければいけません。

要は、自分の気持ちを聞いてもらえる人や、聞いてあげる人を見つけることがいいのです。

現在の状況をつくっている、その根本的な原因は、お母さん自身が自分の気持ちを聞いてもらえずに大人になってしまったことにあるのですね。

そうした人が、親になったからといって、子どもの気持ちをゆっくり聞いてあげることはむずかしいでしょう。

ですから私は、お母さんを単純に責めることはできないと思っています。けれど、だからこそ、話のできる人を見つけてもらいたいのです。診療で、私が相手の話をただひたすら聞き続けるのは、こうした理由があるのです。

人は、正しいことをたくさん伝えてもらうと安心するわけではなく、たくさん聞いてもらうことで安心するのです。

これは、精神医学の原点ですが、ふだんの私たちの生活も同じです。

相手の悩みに、適切に、上手に、たくさんの言葉を使ってこたえなければいけないということはありません。そんなことは二の次三の次。一生懸命聞いてあげることが大事で、これはすべての人間関係の基盤を築くものです。

そんななかで、その人が実行できそうなことを選んで、ほんのちょっとだけアドバイスできれば、もう十分です。

会話の糸口をつくる食事の話題

ふだん、子どもと話す機会があまりないという家庭。あるいは、大きくなったら急に自分のことを話さなくなってしまったと思っている方。

そんなとき、私なら食事の話からはじめるようにアドバイスします。食事や献立についての話は、しやすいものです。また、お母さんがしてあげることですから、期待にもこたえてあげやすいものです。

「お母さん、これから夕食の支度をするので、スーパーマーケットに買い物に行こうと思うけど。何が食べたい？」と聞いてあげるのです。

「おやつにはどんなものが食べたい？」というのでもいい。

できるだけ子どもの希望を聞き、つくってあげます。

ほとんど会話が途絶えていた親子も、これをきっかけに徐々に話ができるようになります。

「今日のハンバーグはどうだった？」と聞いてあげるうちに、ほんの少しずつ、話の内容が発展してきます。

「この前のほうがよかった」とか、反応が返ってくるようになるかもしれません。そうなれば、そこからだんだんと会話ができるようになるでしょう。ただし、このときには、聞いてあげる姿勢を親がしっかりもっていなければいけません。

自分が話すよりも、子どもにたくさん話してもらうことです。

食事の話のあとには、おやつの話をしてもいいでしょう。「お茶が入ったよ、おやつだよ」とか、「ケーキがいいか、おせんべいがいいか」でもいいのです。

希望を聞いて、それを出して、みんなで食べる。そうすればおしゃべりができるようになります。最初から話が弾まなくても、ほんの一言二言でいいのです。

そして、私が援助交際をしていた少女の話を聞くように、相手の話をおもしろいという気持ちで聞いてあげたいものです。

おもしろいふりをしていては、子どもは本当に話したいとは思いません。真剣に興味をもって聞いてあげないと、気持ちは通じません。

自分が好きな音楽と必ずしも同じでなくても、子どもが好きな音楽を聴いているうちによさがわかってくるかもしれません。わかろうとしてあげなくてはダメです。好奇心をもって、本当に楽しんで、子どものいうことを理解する努力が必要なのです。

相手が子どもであってもなくても、気持ちを理解して共感するということは、自分の気持ちを理解し共感してくれる人を、家庭の内外にもっていることが、本当は必要です。

夫や妻や友人や職場の同僚といった日常的に出会う人たちと、日々、共感しあって生きているということが、前提として重要です。

自分の気持ちを理解し共感してくれる人がいなくて、相手の気持ちに共感するなどということは、聖人でもない限り不可能なことです。

現代人の不幸は、このような相手を失った状態で、一見、日々気楽に利己的な生き方を求めすぎてきた結果によるところが大きいということに気づかなければなりません。

人は自分の幸福だけを求めていたのでは、自分の幸福に出会うことができないという事実に、そろそろ私たちは気づくべきではないでしょうか。

私たちは、だれか大切な人といっしょに喜びあうことで、はじめて幸福になれるものなのですから。

まとめ

一生懸命、ただただ聞いてあげる。
これが、すべての人間関係を築く原点です。

過保護はぜんぜん悪くない

過干渉と過保護はちがう

子どもの望んだとおりにすれば、過保護になってよくないと思っている人が多くいます。けれど、私は本当の意味での過保護で子どもを悪くした例を見たことがありません。子どもを悪くする原因は2通りあります。次の2つです。

・放置、放任

・過剰干渉

放置・放任は、子どもを放っておくこと。たとえば、子どもが深夜に帰ってきても、一晩ぐらい帰ってこなくても何も言わない。部屋でタバコを吸っていようが、学校に行かなくても好きにしなさいという状態です。

子どものことに無関心で、親が自分のことしか考えていないのですね。

そして、もうひとつは過剰干渉です。子どもが自分でできることなのに親が先回りしてやってしまったり、着せ替え人形のように子どもに洋服を買い与え、おしゃれをさせて自分が満足しているような状態。

こうしたことは、子どもの希望にこたえるためではなく、親が自分の感情を満足させるためにやっていることが多いのですね。子どもが望んでいないことを親がしすぎると、子どもは依頼心が強くなって、自立心をなくし、自主性のない人間になってしまいます。この過剰干渉と過保護を混同している人が多いのではないでしょうか。

過保護というのは、子どものいうことをよく聞いてやって望んだとおりにしてやること。それがやりすぎた状態のことをいいます。

けれども、子どもの望みをすべてかなえられる親はめったにいません。いえ、いないのではないかとさえ私は思います。ですから本当は、過保護になるほど、子どもの希望や要求にこたえられるというのは現実にはないのかもしれません。むしろ、子どもが望むことを無視したり拒否している親のほうが多いのではないでしょうか。

いい方を変えれば、**子どもの望んでいることを聞きすぎるのが「過保護」。**
子どもが望んでもいないことをやらせすぎるのが「過剰干渉」。

こういうと、ちがいがとてもわかりやすいですね。

では、金銭でものを買い与えるのはどうでしょうか。それは保護ではありませんから、よいこととはいえません。お金ではなくて、手をかける。この〝手をかける〟ということが大切なのです。

〝手をかける〟とは、〝心をかける〟ことです。

「何不自由なく子どもを育てた」とよくいいますが、お金をかけたという意味で使われることが多いのです。おなかをすかせたことはないとか、着るものに不自由はないとか、ゲームは買って与えたとか、いろいろなところに連れていったとか、ともかくお金を使って不自由なく育てたと親は思っています。

でも、それは子どもの希望にしたがって行った行為ではありません。このところを間違う親が多いのです。

過保護が子どもを悪くすることはありません。
しかし、過剰干渉は子どもの自立をもっとも阻みます。

抱っこしすぎたら、子どもはずっと抱っこを求める子になり、しっかり歩かない子になるんじゃないか、などと心配するお母さんがいますが、そんなことはまったくありません。抱っこしてあげるほうがしっかり歩きます。おんぶや抱っこをしすぎたから、この子は歩くのが遅れたなどということは聞いたことがありません。

保育園や幼稚園から帰ってきた子がお母さんに、「抱っこして」と甘えることがありますが、子どもはその日にあったつらいことを、抱っこされることで帳消しにしたいと思っているからです。だから、「抱っこ」というのですね。

そんなときは、喜んで子どもを抱きしめてあげればいいのです。そうすれば、つらいことなどけろっと忘れて、明日に向けて出発できるのです。

子どもの要求は全部満たしてやるくらいの気持ちで

思春期になって、幼い甘え方をしたり、乱暴な口をきいたり、攻撃的な行動に出るときには、心が傷ついている、あるいは強い欲求不満がある証拠です。

そんなときには、ともかくいうことを聞いてあげることです。

子どものために時間をさいてあげるのです。

そうすることで、子どもは保護されている、歓迎されているという安心感から、だんだん安定することができるはずです。

幼少期からの生い立ちに、自分のことを大歓迎してくれる人、ぞんぶんに甘えさせて保護してくれる人がいたか、いなかったかでその子の成長は大きく変わってしまうのです。

ひきこもりの青年たちに、リハビリの一環としてボランティア活動をさせている施設に行ったことがありますが、彼らはこんなことを話してくれました。

「来てくれてありがとう、また明日もお願いしますね。そうだれかに言ってもらえることが、自分が生きていくためにとても大切なことなんです」と。

子どもの場合も同じです。

「あなたがいるからお母さんはがんばれる」

すべては、ここからはじまるのです。自分の存在がだれかの役に立っている、歓迎されていると実感できることは、その子の生きる希望につながります。

そして、子どもの要求や希望に対しては、すべてこたえてあげようというぐらいの気持ちでいることが大切です。これは、私がいろいろな場所でお話ししていることのなかでも、いちばん大切にしていることです。

子どもの望みをかなえてあげる。満たしてあげる。これが年齢に関係なく、子どもと向きあううえでもっとも大切な心がけなのです。

まとめ

子どもの望みをぜんぶ満たしてあげられる過保護な親になりましょう。

待ってあげれば、子どもは生きる自信をつけていく

子育てに大切な「待つ」という姿勢

子どもが精神的に不安定になったとき、暴れようとしたとき、どんな場合でも、子どもに異変を感じたら、親の助けを求めているときです。親から全面的に受けとめてもらえなかった不満をぶつけようとしているのかもしれません。

幼児であれば、だだをこねたり、泣きわめいたり、甘えてきたりするでしょう。そんなとき親は、おんぶやだっこをして、子どもが欲求不満だった部分を補充して満たしてあげればいい。基本的には、思春期も同じです。

おんぶはできなくても、肩を抱いたり、隣にふとんを敷いていっしょに寝ることはできます。

この子をなんとか救いたい、と心の底から思ったら、自然と抱きしめたくなること

もあるでしょう。それでいいのです。

どんなに大きくなっても、子どものすべてを受け入れ、保護してあげられるのは親しかいません。思いっきり抱きしめてやってください。

そして、落ち着いたら、お茶でも飲もうかといってあげればいいのです。きまりが悪いから、子どもは来ないかもしれません。でも、それくらいのことをいってあげられたらいいと思います。

子どもの激しいののしりや行動に、おびえたり、避けたりせず、「あなたの好きなアイスクリームがあるよ」といってあげられるような大きな気持ちでいてほしいと思います。具体的にそうできなくても、そのくらいの気持ちがいいのです。

どんなに反抗しても、全部受け入れてあげる

親は、あわてずに、包容力をもってかまえていることが大切です。

反抗は、基本的に愛情の確認です。そこをわかってあげることが大切です。子どもは不安定な心のなかで、愛情の確認、別の観点からいえば、自立心をつくろうとして

いるのです。

こうした子どもの段階を理解したうえで、待つことです。

「お母さんは待っているから心配しなくていいよ」

というメッセージを不安定な思春期の時期に、どれだけ伝えられるかによって、子どもは安心して伸びていくことができます。

最近の親は、ゆったり待つことが苦手なようです。

子どもに「こうなってほしい」という欲求が強いあまり、また他人の子と比較するあまり、じっくり待つゆとりがないのです。

しかし、それでは子どもはうまく育っていけません。


親が子どもの様子にいらいらしていたり、あせっていると、子どもはこのままではいけないんだと不安になり、親以上に焦燥感をもちます。

何をやってもすぐに「ダメかも」と思ってしまい、長続きしません。自分に自信がもてず、自分で自分のことを待つことができない子になってしまいます。忍耐力のない、キレやすい子になってしまうかもしれません。

いろいろな機会を通じて申し上げているのですが、**私は子育てをするうえでもっとも大切なことは、子どもに生きていくための自信をつけてあげることだと考えています。**

そのためには、子どもがどんなに反抗しても、乱暴な言葉を投げつけてきても、全部受け入れて、辛抱強く待つことです。

それはものすごく忍耐力のいることです。並大抵のことではありません。

子どもを育てるというのは、本当にたいへんな大仕事だと思います。

しかし、子どものありのままをまるごと受けとめ、辛抱強く待ってあげれば、それは子どもの心を大きな愛で包み込んでいることと同じ状態です。

子どもは、親に愛されていること、信頼されていること、しっかりと抱きしめられていることを実感するでしょう。

このことは、子どもへの愛を、何よりもわかりやすく伝えることになるのです。

「待つ」というのは、傍観していればいいというわけではありません。

大切なことはしっかりといって聞かせる必要があります。根気よく繰り返し伝えることも大切です。

しかし、いつ行動するかは子ども任せにして、待ってあげる。あるいは手伝ってあげるのです。できないからといって、せかしたり叱ったりしないことです。

この「子ども任せ」がポイントです。こうすることで、子どもの自主性、自立心が育っていくのです。

まとめ

暴れても、口をきかなくなっても、じっと待つのです。
「大丈夫。どんなときもあなたのことを信じている」
そう見守っていれば、やがて子どもは変わってきます。

ありのままを受け入れることは、最高の抱きしめ

親の「こうあってほしい」が子どもを苦しめる

現代人は自己主張が強くなり、自己愛的な傾向が強くなっています。

たとえば、私は乳幼児検診を30年間やってきたのですが、最近では、1歳半検診のときにお宅のお子さんには知的発達障害があるとか、自閉症ですなどと伝えるのが、とてもむずかしくなっています。

いつの時代の親にとっても、自分の子どもに障害があるという事実を受け入れることは悲しくつらいことです。

できることならば、健康であってほしいと願うのは自然なことでしょう。しかし、避けて通ることができない、わが子のもっている事実であれば、それを理解し、受容してやるというのが、本当にやさしい愛情でしょう。

そうした事実を受け入れるための強さが、私たち現代人からは、個人差はあります

が、徐々に失われてきたように思います。
このことを、私は乳幼児健診の仕事に長年たずさわってきて、強く実感しています。このようなやさしさや強さを失いつつあるのは、何も障害をもった子どもの保護者だけではなく、乳幼児健診の現場からは、そういう事実を通してそのことに気づかされます。

何事にもいやなことを受け入れる忍耐力を、私たちはどんどん衰えさせているということです。

利己的ないし自己中心的な生き方と背中あわせの感情でしょう。

乳幼児健診の現場で、「お宅のお子さんにはこういう発達障害がありますよ」と説明すると、「でも、うちではこうしていますから、そんなことはないと思います」という返答が返ってくる。事実を納得できない、受け入れられないのですね。
「じゃあ、念のため、来月また」ということを繰り返しながら、やっと不承不承《ふしょうぶしょう》認めることになります。

今の親は、子どもが自分の望まない性格や特性をもっていると、認めたがらないようです。むしろ、自己主張が強くなったぶん、

親が子どもに向けて、こういう子どもじゃなきゃいやだとか、こういう子どもになってほしい、という要求がどんどん強くなってきました。

親の支配や期待が強すぎる子どもは、自立への一歩を踏み出す思春期を迎えると、その縛りから逃れようと親を受け入れなくなります。

汚い言葉を投げつけたり、暴力をふるったりして抵抗するようになるかもしれません。

「この子はこの子のままでいい。私は私のままでいい

学校のなかでのいじめを見ていても、感じることがあります。

いじめる子どもの親が、「うちの子はそんな子であるはずがない」とか「いじめられている子のほうが、うちの子にいやなことしたんじゃないですか」と突き返す。

社会全体が、自己中心的で、非常に硬直した人間関係のなかにいると思えてなりません。

「私の子なのだから、私のもの」

どこかでそう思っているところはありませんか?

子どものありのままの性格や特性を受け入れられない根底には、子どもは自分のものだという意識があるからです。

かわいいわが子だからこそ「こういう人間になってほしい」「私の子なのだから、こうあるべきだ」と思うのでしょうが、子どもは親のものではありません。親の思いどおりにはならないのです。

このことを受け入れ、子どものありのままを認めるだけで、親子の関係はずいぶんと変わってくるはずです。

人はだれかに全面的に受け入れてもらえることで安心して自立していけるのです。全面的に受け入れてもらえるということは、ありのままの自分を認めてもらうということです。

それは、子どもにとって「自分はこのままでいいのだ」という安心感、つまり自信につながります。

十分に受け入れられて育った子どもは、それだけ他人を受け入れ、認められる感性が育っていますから、人からも受け入れられやすく、友だちもたくさんできます。

反対にそれが少なかった子どもは、思春期になっても友だちをつくるのが苦手で、孤立してしまうことが多いようです。

どうぞ、ありのままの子どもを受け入れてください。

他人との比較のなかで、自己を確立してゆく思春期にこそ「あなたはあなたのままでいい」というメッセージを十分に伝えてあげてください。

受け入れられ、認められながら育った子どもは、健全な自尊心をもつことができるのです。

私は常日頃から、子どもに対してこんなまなざしで見ています。

子どもが努力をせずに成功した。これは親としてうれしくありません。だけど、努力をコツコツとしている姿を見ていたら、それで十分だと思うのです。結果は関係ありません。

こんなふうに考えていますから、折にふれて、自分の息子にはこういっていました。

「君が努力をしていれば、お父さんはその結果は問わないよ」と。

お父さん、お母さん、それでいいじゃありませんか。結果を追求すると、自分も苦しくなります。何より子どもが苦しみます。

親が結果にこだわらなければ、子どもはのびのびといろいろな物事に向きあえるでしょう。

このことは、子どもに対してだけではなく、自分自身に対してもこういう姿勢でいられると楽になれるのではないでしょうか。

私は生き方として、何事も一生懸命努力をしていれば、ただそれだけで最高の人生だと思っています。

がんばってよい結果が得られたらうれしいものですが、がんばっていれば、たとえ結果に結びつかなかったとしても喜びなのです。

子育ても同じです。子どもを一生懸命育ててきて、自分の望みどおりになれば最高にうれしいでしょう。

でも、望みどおりにならなかったとしても、あなたは精一杯がんばっているのだから、それで十分です。立派です。

この本を手にとっていただいたということは、子どものために真剣になっている証拠です。どうしたら子どもが幸せになれるだろうと必死に考えている、ゆたかな愛情の持ち主です。それはすばらしいことです。

あなたはそのままで十分に立派なお父さん、お母さんです。どうぞ、子どものことを受け入れるのと同じように、自分を認めてあげてください。

まとめ

お父さんお母さん、あなたも自分を肯定していいのです。
あなたはあなたのままでいい。
十分がんばっているお父さんお母さんです。

第6章

親も子も
ハッピーになれる
絆づくり

母性と父性のバランスを整える

だれでももっている母性と父性

子どもを育てていくうえで、母性と父性という機能はとても大切なものです。親が子どもを育てることを幸せに感じ、子どもも「お父さんお母さんの子でよかった」と思えるような、親子の絆をつくるために、母性と父性、あるいは母性的なものと父性的なものについて、ここであらためて考えてみましょう。

そもそも母性とはなんでしょうか。父性とはなんでしょうか。

さまざまな定義がありますが、私はこのように考えています。

・母性とは「無条件の保護」＝やさしさ
・父性とは「条件つきの愛情」＝厳しさ

子どもにとっては、ありのままのその子を受け入れ、認め、そして絶対的なやすらぎを与える力が母性です。保護してくれる存在ですね。

これに対して、父性とは、これはしてはいけない、こうしなければならないというルールやマナーを教える力です。つまり、しつけというのは父性の部分でしているものなのです。

母性はなんでも許してしまいますが、父性は許されないことを示し、制限する。いずれにしても、両方をバランスよく受け取りながら、人は成長し、人格を形成していくのです。

ここで注意していただきたいのは、**母性的なものと父性的なものというのは、男性女性に関係なく、だれもがもっているものだということです。女性のなかに父性はありますし、男性のなかにも母性はあります。**

それはつまり、たとえ母子家庭、父子家庭であっても、子どもに母性と父性の両方をバランスよく与えることは不可能ではないということです。片親で子どもを育てる不安を抱えている方もいらっしゃると思いますが、1人で父性的な役割と母性的な役割を担うことはできます。安心してください。

片親で立派に子どもを育てている親がいる一方で、両親がそろっているのに母性的なものも父性的なものも不十分な家庭はたくさんあります。むしろ、そういう家庭が年々増えているように感じます。母性と父性はバランスが大切だといいましたが、どちらか一方が強すぎたり、足りなかったりすると、子どもによくない影響が出ます。

母性が強すぎると、甘えん坊で自立できない人間が育つ。
父性が強すぎると、幼児性と攻撃性が出てくる。

最近の傾向として、「そんなことしちゃいけません」「お母さんのいうとおりにしなさい」と厳しく制限する、父性の強い家庭が目立ちます。思春期になって大人のいうことをきかずに暴力的になる子や、手のつけられないわがままな子は、非常に厳格な家庭で育てられた子が多いですね。

お母さんにはもっと母性を発揮してほしいと思います。子どもにとっていちばん大切なのは、「どんなことがあっても、親は自分のことを愛してくれる、守ってくれる」という絶対的な信頼感と安心感なのです。

この無償の愛を与えられるのは、母性でなければできません。

与える順番は母性から父性

子どもが健全に育つためには、第一に、母性的なものが家庭に必要です。母性的なものが十分に与えられてからでないと、子どもは父性的なものを受け入れることができません。

母性的なものが家庭にある状態とは、どのようなことをいうのでしょうか。

それは、ひとことでいうならば、子どもを無条件に好きになることです。

無条件に、ですから、「こうあってほしい」という思いがそこにあってはいけません。

ありのままの姿を受け入れ、「父さんと母さんは、おまえのこういうところが好きだ」と心からいえたり、感じたりできていることが大切です。

どんなときも、子どもをそういう気持ちで包んであげれば、「おまえのことを愛している」などと口にしなくても、子どもには十分伝わります。「お父さん、お母さんは自分のことを好きでいてくれる」と思えるのです。

それが、第4章でお話ししてきた「まるごと抱きしめる」ということなのです。

母性的なもので家庭が満たされていたら、子どもは自分の家で安心してくつろげます。外でどんなにつらいことがあっても、家に帰ればほっとできる。やすらげる。そういうものを、家庭のなかにつくりだすのが母性的な機能なのです。

そして、父性的なものを伝えるには、こうした母性的なものが子どもたちのなかに十分伝わっていることが重要です。母性によって、「自分は自分でいいんだ」という自尊心がしっかり育っていないのに、しつけや厳しい教育的なことをいっても伝わりません。子どもはうまく育っていけません。

母性的なものが伝わったあとに、父性的なものが伝わる。

このことをしっかりと知っておいていただきたいと思います。

多くの方が、ここを勘ちがいして子どもを育てているように見えます。子どもをしつけたり、教育したりするとき、私たちはしばしば父性的なものが先に立ってしまいがちです。子どもが何か悪いことをしたときに、「そんなことをしてはいけない」と叱ります。しかし、それでは子どもには通じないのです。母性が十分に伝わっていない子どもに、いくら父性的な部分でしつけようとしてもうまくいきません。

こういう例で説明するとわかりやすいでしょうか。

社会には、ルールやマナーを守れない若者がいます。犯罪はその最たるものですが、もっと日常的なことでいえば、道端にゴミを捨てたり、電車のなかで携帯電話を使って話をしたり、深夜に爆音を響かせながらバイクを走らせたり……。

大人のなかにもこうしたルール違反をする人はいますが、彼らに「やめなさい」といったところで、伝わりません。注意して「わかりました。もうやめます」と思えるのなら、だれでも注意するでしょう。

でも、多くの場合、ルール違反を指摘しても事態はよくならないことを知っている。だから、街でルールやマナーを守れない若者がいても、見逃すのです。

あるいは、注意をされたことで彼らが気分を害し、注意した相手を傷つけてしまうかもしれません。だから注意をしないということもあるでしょう。

社会のルールを守れない若者を見ると、人は「親が厳しくしつけないからだ」といいますが、私はそうではないと思っています。

彼らが社会から逸脱するような行為をして、注意を受けてもやめないのは、小さいときに母性的なものを十分に与えてもらえなかった結果だと見ているのです。

子どもが社会に適応していくには、まず母性的なものからスタートさせることが大切です。本当は、小さなときからそれができていればよいのですが、いくつからでもかまいません。

「わが家には母性的なものが不足していた」「小さいときから厳しくしつけてきた」と思われるならば、どうぞ今日から母性性をたっぷりと与えてあげてください。

あるいは、「うちの子はルールやマナーを守れないことが多い」という方も同じです。父性的なもので厳しく叱るのではなく、受容する母性性を大切にしていただきたいと思います。

まとめ

まず、子どもを無条件に受け入れ希望を満たしてあげる。厳しさやルールを教えるのは、そのあとです。

〝この子のため〟は本当か？

「子どものため」は本当ですか？

親は子どものために、しばしば口や手を出します。

「あれをしなさい」「そんなことをしてはダメ」と、よかれと思って口や手を出しているつもりなのですが、実はその〝よかれ〟と思っている〝よかれ〟のなかには、子どもに対する愛情と親自身の自己愛が混在している場合が多いものです。

そして、この区別がつかなくなってしまうことが、しばしば問題を引き起こします。

自己愛のない人はいません。人は程度の差こそあれ、だれでも自己愛的な感情をもっています。

自己愛のとても強い人と、それほど強くない人がいることのちがいだけです。

子どもにあれこれ指図し、結果として子どもがうまくいかなかったときに「どうしてできないの！」などと怒る親がいます。

このような場合、「あなたのためを思っていっているのよ」といったとしても、それは親の自己愛です。子どもに対する愛情ではないのですね。

大きな自己愛の感情をもっている人の場合は、自分と子どもの感情の区別がつかず、子どもの希望や、したいことには目を向けずに、親の希望や夢が、子どもの夢や希望とすりかわってしまいます。

名門私立中学や偏差値の高い有名高校を受験させようという親のなかには、子どもがそうしたいと思うよりも、自分の希望が強すぎる人がいます。

自分の子どもを道具のように思っているところがあるのです。

過剰期待は心理的な虐待になる

小さいときから蝶よ花よと大切に育てられ、経済的にもゆたかな家庭で育った女性がいました。

いろいろなおけいこごとを習い、勉強もよくでき、周囲のだれもがうらやむような学校をとんとん拍子で卒業し、多くの人に祝福してもらって結婚をしたのですが、生まれたわが子に虐待をしてしまったそうです。

話を聞いてみると、彼女は「自分は親から愛されてきた実感なんかまるでない」というのです。

彼女はいつも「親を喜ばせることばかりしてきただけだ」といいました。

小さいときから、自分がどういう行動をとったときに、親が怒ったり悲しんだりし、どういう行動をとったときに喜んでいたかがわかってしまった。

親が怒ったり悲しんだりしている姿を見るのは、幼心にとてもつらかった。だから、親を悲しませたり怒らせたりしないようにし、さらに積極的に喜ばせることばかりに心をくだいて、大きくなってきたというわけです。

いつも親の顔色を見て、親から愛された実感もなく、親を喜ばせることばかりしてきた自分が、子どもが生まれたからといって、どのように愛したらいいかわかるわけがないと、彼女はいっていました。

彼女はずっと自分を殺してきたんですね。こうしたい、ああしたいと思っても、親が望まないことはすべて飲み込んできたのでしょう。

周囲からうらやむような恵まれた家庭に見えても、彼女は幸せではなかったわけです。親の本当の愛を知らないまま、母親になったこの女性が自分の子を愛せず、思わず手をあげてしまったことを簡単に非難することはできません。

『魂の殺人』〈A・ミラー〈著〉、山下公子〈翻訳〉・新曜社〉という本があります。一見、愛情をかけているように子どもに思わせるのですが、それが実はひどい過剰期待で、親の思いどおりに子どもを育てようとしている家族のストーリーです。

子どもは殴られたり蹴られたりしているのと違って、親を恨めない。こういう自己愛的な親の愛情は心理的な虐待だというわけです。体を傷つけるわけではないが、魂が殺されてしまうのです。わが子を虐待してしまった女性も、魂の虐待を受けていたといえるでしょう。


こうした「魂の虐待」は、今、非常に増えています。親の喜ぶことを子どもに無理強いさせているのです。

親は子どもに期待したくなりますし、優れていてほしいと思うものです。それが愛であることは間違いないのですが、度がすぎると何度も申し上げているように、親自身の自己愛になってしまいます。

魂の殺人、魂の虐待などというと、言葉が強烈すぎて、「私は子どもにそんなことはしていない」と思われるかもしれません。でも、たとえば次のような事例だって魂の虐待なのです。

こんな親子のすれちがいが子どもを傷つける

中学2年生の女の子から聞いた話です。彼女は運動神経が抜群によく、部活は陸上部に所属していました。短距離走が専門で、地区大会で1位になり、県大会に出場できることになったということでした。そのことを、彼女はうれしそうに報告してくれました。

私が「それはすごいねえ。お母さんも大喜びでしょう」といったら、彼女から急に笑顔が消え、うつむいてしまいました。

「どうしたの?」と聞くと、吐き捨てるように「お母さん、一度も大会に来たことない。あたしのことなんかどうだっていいんだ」といいます。

よく話をきいてみると、どうやらお母さんは教育熱心な方で、運動よりももっと勉強を熱心にしてほしいと思っているようでした。

「部活の話をしても、ぜんぜん興味なさそうだし。ていうか聞いてくれないし。家に帰ると勉強のことしかいわなくて、まじウザイ」

彼女はお母さんに部活の話を聞いてもらいたかったのです。

大会に来て、応援してもらいたかったのです。そして、1位になったことをいっしょに喜んでほしかったのです。

だけどそれがかなわなかった。お母さんは勉強してほしい、勉強ができる子どもになってほしいと願っている。

子どもは勉強よりも今は運動に夢中で、自分が夢中になっているものを親にも理解してもらいたい、認めてもらいたいと思っているのに、受け入れてもらえなかった。

彼女は本当にさみしかったと思います。とても悲しかったことでしょう。

「私はお母さんに愛されていないんだ」そう思ってしまったかもしれません。

親にしてみれば、子どもの将来を思って勉強しなさいといっているのですが、それはたぶんに親の自己愛です。子どもの気持ちをまったく無視しています。

子どもが何を求めているか、親にどうしてほしいと思っているかに思いを寄せることができていません。こういうことを、魂の虐待というのです。

子どもがしてほしいと思っていることは何か。何が子どもへの愛になるのかを見つめながら、子どもと接することが大切です。そして、望んでいることを十分に満たしてあげてください。

まとめ

子どもが望んでいることを認めてあげなかったら、子どもは「お父さんお母さんは自分のことがきらいなんだ」と自分を否定してしまいます。

子どもがピンチのときこそ、親の出番

叱っても、子どもは伸びない

私の息子が、小学校に上がる前のことです。

母親が夕食のときに、長男に「いやなら食べるのよしなさい」といったことがあります。彼が、何かぐずぐずいったのでしょう。

そうしたら、息子が「ママはぼくにごはんをくれないんだ」と私にいったものですから、「それならパパとおいしいものを食べに行こう」と、当時住んでいた高田馬場の街に出ました。

好きな店を選びなさいといったら、息子はとても粗末な学生食堂のような店を選び、そこで卵雑煮とクリームソーダを注文しました。

こんなこと、めったにないことでしたから、私もよく覚えています。

先日、息子と話をしていて、そのときの話が出ました。

もう覚えていないだろうと思っていたら、彼は覚えていたのです。

食事のことで、父親が子どものためにそこまですることは、おそらくあまりないでしょう。

過保護に思われますか？　そんなことをしたら、次からいちいち母親の食事に文句をいう子になると心配するかもしれません。でも決して、そうはなりません。

息子は私が連れ出したことで、そのときは一応救われてホッとしたでしょう。自尊心を大きく傷つけられずにすんだのです。

それでも、やっぱりさみしかったわけです。

母親に「いやなら食べるのよしなさい」といわれたことが、もうとてもさみしかった。だから大人になった今も覚えているのですね。

過保護はそれほど心配することではないのです。

むしろ、子どもが何か問題を起こしたときは、叱るのではなく親が子どものやった不始末を謝罪したり、償いをしたりすることのほうがよいと思います。

子どもが困っているときは手を差し伸べ、救ってやったほうが、同じ過ちのようなことはしなくなるでしょうし、自立するのも早いのです。

子どもの自尊心は、壊せば壊すほど、子どもの気持ちのなかには自暴自棄や反抗的な気持ちがふくらんでいきます。

親が子どものいたらないところは、自分たちが全部背負ってあげるという姿勢で子どもに接していると、子どもは「お父さんお母さんは自分のことを守ってくれる」と感じ、親から大切にされたという思いが深くなります。

そういう経験がたくさんあればあるほど、社会のルールを厳しく教えなくても、子どもは自然と守れるようになるのです。

みなさん、そこがわからないようです。厳しく叱って、注意するのが正しいと思っているようです。

叱ったほうがしっかりした子になると思っているのですね。

叱っている親に悪意がないことはよくわかります。

ウソをいってはいけない、友だちを傷つけてはいけない、不正を行ってはいけない、他人に迷惑をかけてはいけない……そうした善悪の判断を子どもに教えることは、親の大切な役目です。

そのために、叱る。子どものためを思って、叱るのですよね。

しかし、厳しく叱る必要はありません。

むしろ、「なんてことをしたんだ」などと、頭ごなしに叱ったり、がんと押さえ込むような叱り方をすると、子どもは悪いことをしたという自覚よりも、自分はダメな人間だと思って自信をなくしてしまい、かえってよくありません。

あるいは、いいわけやいい逃ればかりで終わってしまうかもしれません。


頭ごなしに厳しく叱ると、子どもは自分のことを「悪い子だ」「ダメな子だ」と自尊心をなくしてしまいます。

子どもの不始末を親が謝ってあげることの大切さ

では、子どもが学校でとんでもない悪いことをしてしまった、先生に注意を受けた、学校から呼び出されたというようなとき、親はどのように対応すればよいのでしょうか。

わが家では、子どもが犯した間違いであっても、基本的には叱りません。中高生になれば、本人は「悪いことをした」という自覚があり、先生から十分に制裁を受けているのですから、さらに親が叱る必要はないのです。

そして、「じゃあ、お父さんが謝りに行こう。そういうときのために、お父さんはいるのだから」といってやります。それだけで、子どもはとても安心します。

子どもが不始末をしたときこそ、「心配することはないよ。お父さんがいてあげるから安心しなさい」と、声をかけてやりたいものです。

子どもはそうやって自分を受け入れてくれるのを待っているのです。

私は、自分の子どもたちによく言うのですが、**家族というのは、物事がうまくいっているときにはあまり必要ではありません。**

しかし、家族のだれかが病気をしたとか、何か不始末を起こしてしまうとか、失敗してつまずいているとか、そういうときこそ家族がみんなで協力しあって、助けてあげることが大切だと思っています。

そのために、家族があるのです。子どもが失敗したり問題を起こしたりしたとき、そのときにこそ、親の出番なのです。

子どもの失敗は、お父さんお母さんが、だれよりも頼りになるのだということを子どもに伝える絶好の機会だとさえ思っています。

ですから私は、失敗は希望してでもあったほうがいいと思うのです。

私は、子どもたちが何か問題を起こすと、そのたびに子どもといっしょに相手の家や学校にお詫びに行きました。

そして、ただただ謝るのです。親のプライドなど捨てて、父親としてお詫びをするわけです。

こんなふうに、怒ったり、叱ったりしたことはほとんどありませんから、子どもたちは私に怒られるのがすごくおっかないと思っていたようです。怒られたことを未だに覚えているほどです。

先日、まんなかの息子に、「父さんはあなたのことを、1回も叱らなかったと思う」

といったら、「そんなことないよ、ぼくはお父さんに2回叱られたよ」と、とても正確に覚えていました。

叱ったといっても、ガンガン激しく叱ったわけではありません。そんなことしちゃダメじゃないか、ということをちょっといった程度です。

それなのに、しっかり覚えているのですね。「慣れてないから、もうおっかなくて」というわけです。

ふだん叱らないほうが、何かあったときに子どもはちゃんと自分で身を処すのです。始終口うるさくいっていたら、問題を処理する能力は育ちません。

過保護によって子どもの自立心を損なうとか、依頼心を強くするなどということはありませんと、私がいつもいうのはそこなんですね。

うるさいことをいわず、のびやかに育て、お詫びに行くべきときは、親の出番だと思って、子どもといっしょに出向けばいいのです。

成長過程にある子どもは、いくつも失敗し、つまずきながら大きくなります。

それは、かつて親である自分たちも通ってきた道です。そのことを子どもに伝えてやればいいと思います。

「お父さんもおまえと同じ歳の頃には、同じようなことをしていたなあ」と。

子どもは悪いことをして落ち込んでいるでしょうから、こういってやることで「なんだ、お父さんもそういうことあったんだ」と安心できるでしょう。

子どもが失敗や問題を起こしたときこそ、親の真価が問われます。叱るのではなく、救いの手を差し伸べてあげることで、親を絶対的に信頼し、自然と同じ過ちを犯さなくなるものなのです。

まとめ

子どもは失敗して大きくなるもの。大いに失敗させ、必要なときは親が子どものかわりにお詫びすればいいのです。

「与えることの喜び」を知る親子は、強い絆で結ばれている

親の幸せ、子どもの幸せとは

人間の幸せとはなんでしょう。2004年1月の読売新聞夕刊に『しあわせ論』というタイトルのエッセーが連載されました。そこに、大阪府立大学の生命学の森岡正博教授が、とてもよい文章を書いていらっしゃいます。

森岡さんは、私たちの社会には「苦しいこと、つらいことからどこまでも逃げ続けていく仕組みが、社会の津々浦々にまで張りめぐらされている」といいます。

そしてその結果、「人々は、今生きているという実感を少しずつ失っていき、『深いよろこび』を感じる力を決定的に奪われてしまう」と分析しています。

つらかったり苦しかったりするのはだれだっていやだけど、それらからいくら逃れてみたところで、喜びに出会うことは絶対にないというわけです。

たしかに、つらいことを避け、いやなことから逃げても、幸福には至らないことを、

私たちはうすうす知っています。

森岡さんは自分が納得して困難を引き受け、そこから新しい自分が生まれ出てくるときの喜びを、私たちは忘れてしまっていると指摘しています。

そして、最後に「自分が人生で本当は何をいちばんしたかったのかを、思い出してみること」に、深い喜びを感じる力を回生する手がかりがあると結んでいます。

学生にこの内容を語るときに、私はできるだけわかりやすいように大リーガーの松井秀喜選手を例に出して話してみました。

「大リーガーのなかに入ったらたいへんでしょうが、このたいへんさに自らチャレンジすることに彼は生きがいを感じ、喜びを感じているはずです。人間って、そういうものでしょう」と。

納得して引き受ける困難をもっていなければ、人は感動的な喜びに出会えないと思います。

幸せを実感している人は、やはり困難を引き受けている人です。

あるいは自分がだれかの役に立っている実感をもっている人でしょう。

ただ好きなことをやっているだけでは、少しも幸せにはなれないのです。

子育て以上に価値ある仕事はない

これは子育ても同じです。子育ては決して楽なものではありません。しかし、自分の楽しみばかりを優先している親より、積極的に子育てに携わる親、あるいは子育てをしながら働いている親のほうが、はるかに大きな喜びに出会えるのではないでしょうか。もう何度も申し上げていることですが、繰り返し申し上げたい。

「あの子のために私はがんばれる」「あの子の笑顔が私の励み」「子どもが成長する姿が楽しみ」、そんなふうに、子育てを自分の喜びにできるお父さんお母さんは、きっと幸せを実感されていると思います。

子育てをしていても、人から評価されたりほめられたりすることはあまりないでしょう。そのため、自分の存在意義を疑ったり、子どもを育てることに空しさを覚えてしまったりして、もっと自分のやりたいことをしたい、仕事や趣味で自己実現したい……そうすれば、私は幸せになれるのだと思い込んでしまうようです。

でも、自分の好きなことをして、やりたいように生きるだけでは決して本当の幸福は感じられません。人は、だれかを幸せにすることで、自分も幸せになれる。そんな存在なのです。

私は子どもを育てるということ以上に意味のあることや、価値のあることなどないとさえ思っています。1人の人間を生み育て、立派に成人させることは、最高に価値のある、誇るべき仕事ではないでしょうか。

これ以上、すばらしい仕事はない。最高の生きがいだと私は思っています。

それは、与えることの喜びです。

「お母さん、ありがとう」

ある高校1年生の女の子をもつお母さんの話です。

「学校が楽しい！」と毎日のようにお母さんに話していた娘さんが、ある日から学校の話をしなくなり、そのうち、「学校に行きたくない」というようになりました。

気になったお母さんはあるとき「最近、学校は楽しい？」と聞いたところ、娘さんは声をあげて泣き出したそうです。

その子がいうには、クラスで盗難騒ぎがあったとき、担任の先生から呼び出され、こういわれたというのです。

「おい、昨日の放課後、おまえが1人でクラスに残っていたのを先生は見たぞ。犯人はおまえだろう。いつもそんなちゃらちゃらした格好しやがって、校則も無視。万引きだって外でしてるんじゃないか?」

なんという侮辱でしょうか。一方的に決めつけられた彼女はひどく傷つきました。もちろん、濡れ衣です。あまりのショックに、彼女はうつむいたまま何もいえなかったそうです。

盗難騒ぎは、持ち主の勘ちがいで、あとから見つかったと報告がありました。それで彼女の疑いは晴れたのですが、担任の先生は一度も謝らなかったそうです。そのことを彼女はお母さんにもいえないまま、つらい思いをずっと抱えて学校に通っていたのでした。それは本当につらかっただろうと思います。

話をきいたお母さんは、自分の娘を守るため、お父さんと話しあって学校に行き、校長先生にその事実を伝え、担任から娘に謝るように求めました。

校長先生からも担任からも娘さんに対して謝罪があり、その担任の先生は厳重注意を受けたということでした。

その後、彼女はもとのようにいきいきと学校に通えるようになったのですが、元気になった彼女はお母さんにこういったそうです。

「あのとき、本気でもう学校をやめようと思った。もうだれも信じられないと思って本当に悲しかったけれど、あたしのためにお母さんがあんなに必死になってくれて、ものすごくうれしかった。ああ、お母さんがあたしを守ってくれるって思ったら、涙が出た。おかあさん、本当にありがとう」

お母さんは、娘の言葉にたまらず涙がこぼれました。そして、親子で抱きあって泣いたそうです。こんなときほど、親子の絆を実感するときはないでしょう。

お母さんはわが子をもったことに幸福を感じ、子どももお母さんの子でよかったと喜びに満たされるでしょう。

この子は、このつらい体験を通して、人間として本当に大切なことを学んだと思います。それは、与えることの喜びです。

だれかのために、何の見返りも求めずに行動できる。お母さんからもらった、勇気と思いやりを彼女は一生忘れずに、自分のものとして生きていけるにちがいありません。子どもに、こんなにすばらしいプレゼントを贈ることができる子育て。誇りに思っていただきたいと私は心から思います。

あなたが今、かけがえのない子どもを育てていることに対して、まわりの人たちはコンサートのように観客が拍手をしてくれることはないでしょう。

でも、一生懸命子どもと向きあっているお父さんお母さん方に、私は心から拍手を送ります。何よりも、目の前の大切なわが子が拍手してくれているにちがいありません。子どもが伸びやかにすくすくと育つ姿。子どもは着実に成長していく姿を親に見せることで、親に拍手を送ってくれているのではないでしょうか。

親にとって、ただ、それだけで幸せなことではないでしょうか。

まとめ

子育て以上に価値のある仕事はありません。
私は、がんばるみなさんに心からの賛美の拍手を送ります。
ご自分の子育てに自信と喜びをもって取り組んでください。

おわりに

喜びも悲しみもわかちあえば、輝く未来が待っている

近年、脳科学の発達により、長い間謎の多い未知の領域だった脳の最前部、前頭前野（前頭連合野）といわれるところのはたらきが明らかにされてきています。

なかでも注目したいのは、前頭前野は未来についての知識、経験、予測など膨大な情報へのアクセスを可能にするというものです。

すなわち、現在については、感覚や知覚のはたらきを通して身のまわりのほか、体調など体内の状態を知るために大切なはたらきをまとめます。

過去については、記憶、知識、経験としてもっているさまざまなことにアクセスして、思い出すことのはたらきをします。そして、それらを通して、未来（将来）のことを予定、推測、想像、計画したりすることに役立てることになります。

このように前頭連合野は、脳全体を制御するコントロールセンターであり、相手の気持ちや立場に共感しながらコミュニケーションをするために、不可欠なはたらきを担う中枢部位ということができます。

想像力や創造性の基盤をなすところですし、感情や衝動を自制するためにも、重要なはたらきをしているところです。

このように、前頭連合野の機能について知れば知るほど、近年の子どもの間に見られる不幸な問題や事件などは、そのはたらきが十分に育てられていないことによるところが大きいとわかります。

そして本書で、さまざまな事例を通して書いてきたことは、その脳と心が直結している機能を健全に育てるための、具体的な子どもの養育や教育の仕方であると理解していただけると思います。

この機能は、乳幼児期から早期幼児期と、思春期の二度にわたって大きな発達期があるといわれています。特にこの時期に子どもたちは、信頼のおける家族や友人と、直接的に共感的なコミュニケーションを十分にすることができるよう育てられることが大切です。

喜びや悲しみをゆたかにわかちあうことができる養育、生活、遊びや学習の機会に恵まれることが、その子の未来を輝かせることにつながるのです。

読者のみなさんには、そのことがよりよく伝わることを願っています。

最後に、本書ができあがるまでには、私の多忙と怠慢が重なって、予定外の時間が費やされました。その間、大和出版の皆さんの長く根気のよい支援と、少しでもよい本を世に出したいという、強く静かな熱意に励まされ続けて、どうにか出版にこぎつけることができました。感謝しております。

本書が、今、子どもと向きあっている人たちの役に立つこと、そして、すべての子どもたちがいきいきと輝くことを、静かに望んでいます。

２００６年5月　町田の自宅で　佐々木正美

※本書は、２００６年に小社より発行した『抱きしめよう、わが子のぜんぶ　思春期に向けて、いちばん大切なこと』（佐々木正美・著）の新装版です。

【新装版《しんそうばん》】抱《だ》きしめよう、わが子《こ》のぜんぶ
思春期に向けて、いちばん大切なこと

2023年12月15日　初版発行

著　者……佐々木正美《ささきまさみ》
発行者……塚田太郎
発行所……株式会社大和出版
東京都文京区音羽1-26-11　〒112-0013
電話　営業部03-5978-8121／編集部03-5978-8131
http://www.daiwashuppan.com
印刷所……誠宏印刷株式会社
製本所……株式会社積信堂
装幀者……鈴木大輔・江﨑輝海（ソウルデザイン）

ISBN978-4-8047-6423-8

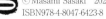